F P 3

学科・実技
（個人・保険・資産）
対応だニャ！

FPの学校 3級
これだけ！問題集

2020.9 ▶ 2021.5

もくじ

本書の使い方 …………………………………………………………… 4
FP3級　Q&A ……………………………………………………………… 6
FP3級　資格・試験について …………………………………………… 8

論点別問題　学科試験

ライフプランニング ……………………………………………………… 12
リスク管理 ………………………………………………………………… 26
金融資産運用 ……………………………………………………………… 40
タックスプランニング …………………………………………………… 54
不動産 ……………………………………………………………………… 66
相続・事業承継 …………………………………………………………… 82

論点別問題　実技試験

ライフプランニング ……………………………………………………… 98
リスク管理 ………………………………………………………………… 110
金融資産運用 ……………………………………………………………… 118
タックスプランニング …………………………………………………… 126
不動産 ……………………………………………………………………… 138
相続・事業承継 …………………………………………………………… 146

予想問題

学科試験	161
実技試験（個人資産相談業務）	173
〃　（保険顧客資産相談業務）	185
〃　（資産設計提案業務）	201
予想問題　解答用紙	
学科試験	217
実技試験	219

（別冊）予想問題　解答・解説

学科試験	2
実技試験（個人資産相談業務）	11
〃　（保険顧客資産相談業務）	15
〃　（資産設計提案業務）	19

おことわり

*本書における法令などの基準について

本書は令和2年4月1日現在施行の法令等に基づいて編集されています。本書記載内容に関し、執筆以降の法改正情報などで、試験に関連するものについては、『生涯学習のユーキャン』ホームページ内「法改正・追録情報」にて、適宜お知らせいたします。

➡https://www.u-can.co.jp/book

*過去問題の掲載について

過去問題につきましては、実際に行われた試験問題（一部改題）の表記のまま掲載しておりますので、他の問題、解説文などの表記と異なる場合があります。
一般社団法人金融財政事情研究会　ファイナンシャル・プランニング技能検定
3級実技試験（個人資産相談業務・保険顧客資産相談業務）
平成30年12月許諾番号1812K000002

本書の使い方

Step 1

重要事項のチェック

「論点別問題」で過去に実際に出題された問題を解き、出題形式や試験によく出る重要事項を学習します。
答えを確認する際は、全ての選択肢の解説を読んで、理解を深めましょう。

合格目指して
ファイトだニャ！

出題・科目を確認
論点別問題の実技試験のタイトルバーには、どの科目に関連する内容なのかをアイコンで示しています。
（個人）…個人資産相談業務
（保険）…保険顧客資産相談業務
（資産）…資産設計提案業務

出題形式を確認

出題分野を確認

重要度を確認
出題傾向を分析し、重要度と頻出度の高いものをA・Bで表示しています。
A：重要度が特に高い
B：重要度が高い

頻出問題が
厳選されているから、
学習効率がよいニャ

リスク管理

学科
○×式

次の各文章を読んで、正しいものまたは適切なものには○を、誤っているものまたは不適切なものには×をつけなさい。

保険制度全般 重要度 A

01　生命保険契約を申し込んだ者は、保険業法上、原則として、契約の申込日から8日以内であれば、口頭により申込みの撤回等をすることができる。
2020年1月

生命保険 重要度 B

02　収入保障保険の死亡・高度障害保険金は、契約時に定めた年金額が一定期間にわたって支払われるが、一時金で支払われることはない。
2017年1月

26

予想模擬試験にチャレンジ

「予想問題」にチャレンジしましょう。本試験と同じ条件で取り組み、時間配分も確認しましょう。解答は別冊の「解答・解説」で確認して下さい。

くりかえし学習で効果UP

不得意な分野を中心に、もう一度「論点別問題」に取り組み、苦手を克服しましょう。また、総仕上げに「予想問題」に再チャレンジして自信をつけましょう。

解説をかくれんぼシートでかくして、重要なところを覚えるニャ！

解説

01 生命保険契約を申し込んだ者は、保険業法上、原則として、契約の申込日から8日以内(保険会社により異なる)であれば、**申込みの撤回(クーリングオフ)** ができるが、**書面での申し出**が必要である。電話や会社に出向いての口頭での申し出は適用外となる。

→ テキストp.94 解答 ×

02 **収入保障保険**の死亡・高度障害保険金は、契約時に定めた年金額が**一定期間**にわたって支払われるが、希望により**一時金**として受け取ることもできる。ただし、一時金での受取額は、年金として受け取った場合の受取総額よりも少なくなる。

→ テキストp.115 解答 ×

→テキスト
姉妹書『'20年〜'21年版 FPの学校 3級 きほんテキスト』の該当ページを記載しています。

出典・改題
過去問題については、何年の何月の試験で出題されたかを明記しています。また、受験年が令和2年時点になるように、問題を一部改題したものについては「改」と表示しています。

おさらいするニャ

保険に関するおもな法律

保険業法	・保険募集の禁止行為違反の処分や罰則を規定 ・クーリングオフに関する規定
保険法	・契約当事者間における契約ルールを規定 ・生命保険、損害保険に加え、傷害疾病保険(第三分野の保険)の規定が新設。共済契約にも適用
金融商品販売法	・重要事項の説明義務違反は、損害賠償請求が可能 ・顧客への勧誘方法などに関する勧誘方針を策定
消費者契約法	・重要事項の誤認・不退去・監禁等の場合、契約の取消しが可能

おさらいするニャ
学習のポイントとなる事柄を図や表などにわかりやすくまとめています。

まちがったところは姉妹テキストを見直して、くりかえし学習するニャ！

FP3級 Q&A

FPをはじめて受検する人もこれを読めば安心です。
資格や試験についての疑問をスッキリ解決し、
合格を目指して頑張りましょう！

> 日本FP協会と金財、
> どっちを受けたらいいのかニャ？

学科試験は共通ですが、実技試験が異なります。
実技試験には、日本FP協会の「資産設計提案業務」、金財の「個人資産相談業務」、「保険顧客資産相談業務」の3科目があります。
実技科目で何を選択するかを考え、それに応じた受検機関の検定を受検するとよいでしょう。どちらで合格しても、資格の価値に違いなどはありません。

> 学科試験と実技試験、
> 何が違うのかニャ？

学科試験は、○×式と三答択一式によるマークシート方式60問です。
実技試験は、何か具体的な作業をするのではなく筆記試験です。複数の科目があり、受検申請の際にいずれか1つを選択します。

実技試験はどれを受けたら
いいのかニャ？

実技試験はテーマ別に3種類あり、実施団体も異なります。FPの知識をご自身の家計の改善に活かしたい方、あるいはFPとして、年金・保険・資産運用・不動産・相続など顧客のさまざまな相談に乗りたいとお考えの方は日本FP協会の「資産設計提案業務」または、金財の「個人資産相談業務」を受検するとよいでしょう。

一方、業務として保険を扱う方や、保険への関心の高い方は、金財の「保険顧客資産相談業務」を受検されることをお勧めします。

法令基準日ってなに？
それはいつかニャ？

法律は改正されることがあります。試験の直前直後とその時期が重なった場合、旧法律と新法律のどちらを判断の基準にしたらよいのでしょうか。それを迷うことがないように定められているのが法令基準日です。1月検定と5月検定の場合、法令基準日は前年の10月1日、9月検定の場合、法令基準日は同じ年の4月1日となります。

FP3級 資格・試験について

3級FP技能検定の試験概要（令和2年度分）

◆学科試験、実技試験の共通事項

受検資格	FP業務に従事している者、従事しようとしている者
受検手数料	学科と実技6,000円。どちらか一方3,000円 （学科または実技のみの受検が可能）
申込方法	郵送もしくはインターネット
試験日	年3回（5/24, 9/13, 令和3年1/24） *令和2年度の場合
合格発表	6/30, 10/23, 令和3年3/5 *令和2年度の場合

◆学科試験

実施機関	金財・日本FP協会（共通の内容）
試験時間	10:00～12:00（120分）
出題形式	マークシート60問（○×式30問・三答択一式30問）
合格基準	36点以上／60点満点

◆実技試験

実施機関	金財	日本FP協会
試験時間	13:30～14:30（60分）	13:30～14:30（60分）
出題形式	事例形式5題	マークシート20問
合格基準	30点以上／50点満点	60点以上／100点満点
選択科目	個人資産相談業務または保険顧客資産相談業務のどちらかを選択	資産設計提案業務

3級FP技能検定の試験科目

学科試験	実技試験
A ライフプランニング B リスク管理 C 金融資産運用 D タックスプランニング E 不動産 F 相続・事業承継	● 個人資産相談業務/保険顧客資産相談業務 1．関連業法との関係及び職業上の倫理を踏まえたファイナンシャル・プランニング 2．個人顧客の問題点の把握 3．問題の解決策の検討・分析 ● 資産設計提案業務 1．関連業法との関係及び職業上の倫理を踏まえたファイナンシャル・プランニング 2．ファイナンシャル・プランニングのプロセス 3．顧客のファイナンス状況の分析と評価

 ## 3級FP学科試験データ

試験実施年月	実施機関	受検者数	合格者数	合格率
2019年5月	金財	22,258人	9,518人	42.76%
	日本FP協会	17,865人	12,340人	69.07%
2019年9月	金財	27,677人	17,374人	62.77%
	日本FP協会	22,266人	17,388人	78.09%
2020年1月	金財	27,744人	18,154人	65.43%
	日本FP協会	25,170人	21,479人	85.34%

3級FP技能士試験と2級FP技能士試験の体系

◆ 3級FP技能士試験

受検資格	FP業務に従事している者、従事しようとしている者
科目	学科試験
	実技試験（以下のなかから1科目選択） ・個人資産相談業務 ・保険顧客資産相談業務 ・資産設計提案業務

◆ 2級FP技能士試験

受検資格	実務経験2年以上・3級合格者*・日本FP協会認定のAFP研修を修了した者 *金融渉外技能審査3級の合格者を含む
科目	学科試験
	実技試験（以下のなかから1科目選択） ・個人資産相談業務 ・中小事業主資産相談業務 ・生保顧客資産相談業務 ・損保顧客資産相談業務 ・資産設計提案業務

 問い合わせ先

試験に関する詳細情報は試験実施機関のホームページ等でご確認下さい。

● 一般社団法人金融財政事情研究会（金財）
　TEL　03-3358-0771（検定センター）
　URL　https://www.kinzai.or.jp/

● NPO法人日本ファイナンシャル・プランナーズ協会（日本FP協会）
　TEL　03-5403-9890（試験業務部）
　URL　https://www.jafp.or.jp/

論点別問題
学科試験

「論点別問題（学科試験）」には、「○×式」と「三答択一式」を含めた6分野合計74問の過去問題を論点別に収載しています。実際の試験ではどういった問われ方をするのかを確かめながら、正確な知識を効率よく習得してください。また、問題を解いた後は必ず解説を読み、合格に必要な知識を確実におさえるようにしましょう。「おさらいするニャ」で、再度その項目を復習するのもよいでしょう。

ライフプランニング	p.12
リスク管理	p.26
金融資産運用	p.40
タックスプランニング	p.54
不動産	p.66
相続・事業承継	p.82

試験問題については、特に指示のない限り、2020年4月現在施行の法令等に基づいて、解答してください（復興特別法人税・復興特別所得税・個人住民税の均等割加算も考慮するものとします）。なお、東日本大震災の被災者等に係る国税・地方税関係の臨時特例等の各種特例については考慮しないものとします。

ライフプランニング

次の各文章を読んで、正しいものまたは適切なものには○を、誤っているものまたは不適切なものには×をつけなさい。

ファイナンシャル・プランニングと関連法規　重要度A

01 税理士資格を有しないファイナンシャル・プランナーが、顧客の要請により、その顧客が提出すべき確定申告書を代理作成する行為は、無償であれば税理士法に抵触しない。

2017年1月

社会保険　重要度B

02 健康保険の任意継続被保険者となるための申出は、原則として、被保険者資格を喪失した日から20日以内に行わなければならない。

2014年1月

解説

01 有償・無償を問わず、税理士でないFPは個別具体的な税務相談を受けたり、税務書類の作成を行ったりしてはならない。なお、一般的な税制の説明や仮定に基づく税金計算は税理士法に抵触しない。

テキストp.16 解答 ×

「有償・無償を問わず」「個別具体的な」は、税理士法への抵触を判断するキーワードだニャ

02 健康保険の任意継続被保険者となるための申出は、原則として、被保険者資格を喪失した日（退職日の翌日）から20日以内に行わなければならない。加入できる期間は2年間のみで、保険料は全額自己負担となる。

テキストp.31 解答 ○

おさらいするニャ

健康保険の任意継続被保険者

被保険者である会社員が退職した場合、健康保険の被保険者の資格はなくなるが、**一定の要件**（健康保険に継続して**2ヵ月**以上加入／退職日の翌日から**20日以内**に申請）を満たせば、退職後2年間、**退職前の健康保険**に加入することができる。この場合、保険料は全額自己負担となる。

03 公的介護保険の第2号被保険者は、市町村または特別区の区域内に住所を有する40歳以上60歳未満の医療保険加入者である。

2019年1月

公的年金

04 特別支給の老齢厚生年金（報酬比例部分）は、原則として、1960年（昭和35年）4月2日以後に生まれた男性および1965年（昭和40年）4月2日以後に生まれた女性には支給されない。

2020年1月

遺族給付

05 遺族厚生年金の額は、原則として、死亡した者の厚生年金保険の被保険者記録を基礎として計算した老齢厚生年金の報酬比例部分の額の3分の2相当額である。

2017年1月

03 公的介護保険の第2号被保険者は、市町村または特別区の区域内に住所を有する40歳以上**65歳未満**の医療保険加入者である。

04 特別支給の老齢厚生年金（報酬比例部分）は、原則として、**1961年**（昭和**36年**）4月2日以後に生まれた**男性**および**1966年**（昭和**41年**）4月2日以後に生まれた**女性**には**支給されない**。

05 **遺族厚生年金**の額は、原則として、死亡した者の厚生年金保険の被保険者記録を基礎として計算した**老齢厚生年金**の報酬比例部分の額の**4分の3**相当額である。

ライフプラン策定上の資金計画

06　住宅ローンの一部繰上げ返済には、返済期間短縮型と返済額軽減型の方法があるが、一般に、返済期間短縮型よりも返済額軽減型のほうが利息の軽減効果が大きい。

2014年1月

07　独立行政法人日本学生支援機構が取り扱う奨学金には、返還義務のない給付型奨学金と返還義務のある貸与型奨学金がある。

2014年5月・改

06 住宅ローンの一部繰上げ返済では、同一条件ならば返済期間短縮型のほうが返済額軽減型よりも利息の軽減効果が大きい。

➡ テキストp.82　解答　×

07 独立行政法人日本学生支援機構が取り扱う奨学金には従来からある返還義務のある貸与型奨学金に加えて、平成30年度進学者より、経済的理由により進学が困難な生徒に対して返還の必要のない給付型奨学金が実施されている。

➡ テキストp.84　解答　○

🔔 おさらいするニャ

繰上げ返済の種類

●返済期間短縮型
毎月の返済額を変えずに、返済期間を短縮する方法。
同一条件なら利息軽減効果は返済額軽減型より**大きく**なる。

●返済額軽減型
返済期間を変えずに、毎月の返済額を軽減する方法。
同一条件なら利息軽減効果は返済期間短縮型より**小さく**なる。

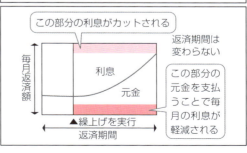

17

ライフプランニングの考え方・手法　重要度 A

08 Aさん（50歳）は、現在から10年間、毎年一定額を積み立てて、老後資金として1,000万円を準備したいと考えている。この場合、必要となる毎年の積立金額は（　　）である。なお、毎年の積立金は、利率（年率）2％で複利運用されるものとし、計算にあたっては下記の〈資料〉を利用するものとする。

〈資料〉利率（年率）2％・期間10年の各種係数

現価係数	減債基金係数	資本回収係数
0.8203	0.0913	0.1113

1）748,934円
2）820,300円
3）913,000円

2018年9月

08 将来の目標金額のために必要な毎年の積立額を求める場合には減債基金係数を用いる。
したがって、1,000万円×0.0913（減債基金係数）＝913,000円

➡ テキストp.21,22　解答　**3**

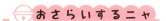

資金計画を立てる際の6つの係数

| 1 | 終価係数 | 現在の資金を複利運用したら、**将来いくらになるか**を求める場合に用いる係数 |

例：年利2％で100万円を運用した場合の10年後の金額はいくらか？
　　　　　　　　　　　　　　　　　最後の金額→「終価」

| 2 | 現価係数 | 将来の目標金額のために**現在いくら必要か**を求める場合に用いる係数 |

例：年利2％で10年後に100万円を貯めるには、今いくら必要か？

| 3 | 年金終価係数 | 毎年の積立額から、**将来の元利合計**を求める場合に用いる係数 |

例：毎年5万円を年利2％で積み立てた場合の10年後の金額はいくらか？
　　　「年金」形式

| 4 | 減債基金係数 | 将来の目標金額のために必要な**毎年の積立額**を求める場合に用いる係数 |

例：年利2％で10年後に100万円を貯める場合の毎年の積立額はいくらか？

| 5 | 資本回収係数 | 現在の額を運用しながら**受け取れる年金額**や住宅ローンなどの借入額に対する利息を含めた**毎年の返済額**を求める場合に用いる係数 |

例：100万円を年利2％で運用しながら10年間で取り崩した場合、毎年受け取れる年金額はいくらか？
現在ある元手→「資本」　　　　　　「回収」すること

| 6 | 年金現価係数 | 希望する年金額を受け取るために必要な**年金原資**（元本）や、住宅ローンなどの年間のローン返済額から**借入可能額**を求める場合に用いる係数 |

例：年金を毎年100万円ずつ10年間にわたって受け取りたい場合、年利2％だといくらの元本が必要か？　「年金」形式
現在の金額→「現価」

09 下記の〈資料〉によれば、Aさんのライフプランニング上の可処分所得の金額は、（　　）である。

〈資料〉Aさんの収入等

給与収入	：800万円（給与所得は600万円）
所得税・住民税	： 80万円
社会保険料	：100万円
生命保険料	： 10万円

1）420万円
2）610万円
3）620万円

2014年5月

社会保険

10 後期高齢者医療制度の被保険者は、後期高齢者医療広域連合の区域内に住所を有する（　①　）以上の者、または当該連合の区域内に住所を有する（　②　）の者であって所定の障害の状態にある旨の当該連合の認定を受けたものである。

1）①　70歳　　②　65歳以上70歳未満
2）①　75歳　　②　65歳以上75歳未満
3）①　80歳　　②　70歳以上80歳未満

2013年5月

09 可処分所得の金額は、年収から所得税・住民税ならびに社会保険料を控除して求める。したがって、800万円（年収）－80万円（所得税・住民税）－100万円（社会保険料）＝620万円となる。

→ テキストp.19　解答　3

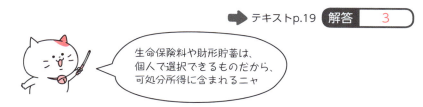

生命保険料や財形貯蓄は、個人で選択できるものだから、可処分所得に含まれるニャ

10 原則として、75歳（一定の障害認定を受けている場合は65歳）以上の人は、**後期高齢者医療制度**の被保険者となる。この制度は、各都道府県に設置された後期高齢者医療広域連合によって運営され、被保険者が負担する保険料の金額も、各広域連合が決定する。

→ テキストp.31　解答　2

公的年金

11 遺族厚生年金の中高齢寡婦加算の支給に係る妻の年齢要件は、夫の死亡の当時、子のない妻の場合、(　　)65歳未満であることとされている。

1）35歳以上
2）40歳以上
3）45歳以上

2015年1月

12 65歳到達時に老齢基礎年金の受給資格期間を満たしている者が、68歳到達日に老齢基礎年金の繰下げ支給の申出をした場合の老齢基礎年金の増額率は、(　　)となる。

1）10.8％
2）18.0％
3）25.2％

2016年1月

解説

11 **遺族厚生年金**の**中高齢寡婦加算**の支給に係る妻の年齢要件は、夫の死亡の当時に子のない妻の場合、40歳以上65歳未満であることとされている。夫の死亡当時に40歳以上の妻であっても子のある場合は**遺族基礎年金**が受けられるので、遺族基礎年金受給中は中高齢寡婦加算は支給停止となる。

➡ テキストp.62,63　**解答** 2

12 **老齢基礎年金**を繰下げ受給する場合は、繰下げ月数に応じて1ヵ月あたり**0.7％**増額される。65歳到達時に**老齢基礎年金**の**受給資格期間**を満たしていて、68歳到達日に老齢基礎年金の繰下げ支給の申出をした場合には、3年間（36ヵ月）繰下げることになるので、0.7％×36ヵ月＝25.2％　の増額率となる。

➡ テキストp.53,54　**解答** 3

おさらいするニャ

遺族厚生年金のイメージ図と概要　※妻が老齢厚生年金を受給できない場合

▼ 妻40歳　夫死亡　　　　▼ 子18歳　　　　　　▼ 妻65歳

遺族基礎年金		老齢基礎年金
	中高齢寡婦加算	経過的寡婦加算
遺族厚生年金		

　遺族厚生年金を受給している人が65歳になって自分の老齢厚生年金も受給できる場合は、老齢基礎年金と老齢厚生年金は全額支給され、遺族厚生年金は老齢厚生年金に相当する額の支給が停止される。

受給要件	①厚生年金の被保険者が死亡したとき ②被保険者の期間中に初診日のある人が、初診日から5年以内に死亡したとき ③**1級・2級**の障害厚生年金の受給権者が死亡したとき ④老齢厚生年金受給権者または受給資格期間を満たした人が死亡したとき ⑤上記①②の場合、保険料納付要件が必要
遺族の範囲	死亡当時、生計を維持されていた子のある妻または子、子のない妻*、55歳以上の夫・父母・祖父母（60歳までは原則支給停止）、孫
年金額	死亡日以前の厚生年金の加入期間**に基づく報酬比例部分×**3/4**

　＊夫死亡時に30歳未満で子のない妻に対する遺族厚生年金は、夫死亡から5年間しか支給されない。

＊＊被保険者期間が**300月（25年）未満**の場合、**300月で計算**。

確定拠出年金

13 確定拠出年金の企業型年金において、マッチング拠出により加入者が拠出した掛金は、その(　　)が小規模企業共済等掛金控除として所得控除の対象となる。

1) 2分の1相当額
2) 4分の3相当額
3) 全額

2018年1月

13 企業型年金のマッチング拠出により加入者が拠出した掛金は、その**全額**が小規模企業共済等掛金控除として所得控除の対象となる。マッチング拠出額は、「事業主掛金の金額を超えず、かつ、事業主掛金と従業員掛金を合計して法定の上限を超えない」額に制限される。

➡ テキストp.71　解答　3

おさらいするニャ

確定拠出年金（DC）の企業型と個人型の概要

	企業型	個人型
加入対象者	確定拠出年金を導入している企業の従業員	20歳以上60歳未満の人
加入	原則全員加入（規約に基づく）	任意加入
掛金の拠出	原則として企業（規約により従業員の拠出＜マッチング拠出＞も可能）	加入者個人で拠出
給付	老齢給付金、障害給付金、死亡一時金の3種類 老齢給付金は、60歳から70歳までに受給開始。ただし60歳から受給するためには10年以上の通算加入者期間が必要 ＊企業型の場合、一定の要件を満たせば脱退一時金も可	
運用時課税	非課税	
税制　掛金	企業：損金算入 個人：小規模企業共済等掛金控除	
税制　給付	老齢給付：年金…雑所得（公的年金等控除の適用あり） 　　　　　一時金…退職所得（退職所得控除の適用あり）	

確定拠出年金（DC）の掛金限度額

		企業の限度額（月額）	個人の限度額（月額）
企業型	企業型DCのみ	55,000円	事業主掛金の金額を超えない。かつ、事業主掛金と従業員掛金（マッチング拠出）を合計して法定の上限を超えない＊
企業型	企業型DC＋確定給付企業年金等	27,500円	〃
個人型	自営業者等（第1号被保険者）	－	68,000円
個人型	勤務先に企業年金のない会社員	－	23,000円
個人型	企業型DCのある会社員	－	20,000円＊
個人型	確定給付企業年金等のある会社員	－	12,000円＊＊
個人型	公務員	－	12,000円
個人型	専業主婦等（第3号被保険者）	－	23,000円

＊会社が個人型を認めている場合のみ加入可能。
＊＊個人型の掛金は毎月定額を拠出するのが基本だが、平成30年1月より掛金の拠出を1年単位で考え、加入者が年1回以上、任意に決めた月にまとめて拠出（年単位）することも可能になった。

リスク管理

次の各文章を読んで、正しいものまたは適切なものには○を、誤っているものまたは不適切なものには×をつけなさい。

保険制度全般　　　　　　　　　　　　　　　　　　　重要度 A

01 生命保険契約を申し込んだ者は、保険業法上、原則として、契約の申込日から8日以内であれば、口頭により申込みの撤回等をすることができる。

2020年1月

生命保険　　　　　　　　　　　　　　　　　　　　　重要度 B

02 収入保障保険の死亡・高度障害保険金は、契約時に定めた年金額が一定期間にわたって支払われるが、一時金で支払われることはない。

2017年1月

解説

01 生命保険契約を申し込んだ者は、保険業法上、原則として、契約の申込日から8日以内（保険会社により異なる）であれば、**申込みの撤回（クーリングオフ）**ができるが、**書面での申し出**が必要である。電話や会社に出向いての口頭での申し出は適用外となる。

➡ テキストp.94　解答　×

02 **収入保障保険**の死亡・高度障害保険金は、契約時に定めた年金額が**一定期間**にわたって支払われるが、希望により**一時金**として受け取ることもできる。ただし、一時金での受取額は、年金として受け取った場合の受取総額よりも少なくなる。

➡ テキストp.115　解答　×

おさらいするニャ

保険に関するおもな法律

保険業法	・**保険募集**の禁止行為違反の処分や罰則を規定 ・**クーリングオフ**に関する規定
保険法	・契約当事者間における**契約ルール**を規定 ・生命保険、損害保険に加え、傷害疾病保険（第三分野の保険）の規定が新設。共済契約にも適用
金融商品販売法	・重要事項の説明義務違反は、**損害賠償請求**が可能 ・顧客への勧誘方法などに関する勧誘方針を策定
消費者契約法	・重要事項の誤認・不退去・監禁等の場合、**契約の取消し**が可能

重要度 A

03 契約転換制度を利用して、現在加入している生命保険契約を新たな契約に転換する場合、転換後の保険料には、転換前契約時の保険料率が引き続き適用される。

2015年1月

重要度 A

04 定期保険特約付終身保険では、定期保険特約の保険金額を同額で自動更新すると、更新後の保険料は、通常、更新前よりも安くなる。

2018年1月

重要度 B

05 生命保険契約にリビング・ニーズ特約を付加する場合、特約保険料を別途負担する必要がある。

2013年5月

解説

03 **契約転換制度**を利用して、現在加入している生命保険契約を新たな契約に転換する場合、転換後の保険料は、**新たな契約の契約時**の保険料率が適用される。

➡ テキストp.110　解答　×

04 定期保険特約付終身保険では、定期保険特約の保険金額を同額で自動更新すると、更新後の保険料は、更新時の年齢で計算されるので、通常、更新前よりも**高く**なる。

➡ テキストp.116　解答　×

05 **リビング・ニーズ特約**は、医師から被保険者が**余命6ヵ月以内**と診断された場合、死亡保険金の一部または全部を生前給付金として受け取れる特約だが、生命保険契約にリビング・ニーズ特約を付加する場合、**特約保険料は必要ない**。

➡ テキストp.118　解答　×

おさらいするニャ

おもな事故・病気に備える特約

特約の名称	保険金が支払われる状況
災害割増特約	不慮の事故（事故の日より180日以内）・所定の感染症で死亡・高度障害になったとき
傷害特約	不慮の事故（事故の日より180日以内）・所定の感染症で死亡、不慮の事故（事故の日より180日以内）で所定の障害状態になったとき
災害入院特約	事故や災害によるケガで180日以内に入院したとき
疾病入院特約	病気で入院したとき
成人病（生活習慣病）入院特約	ガン、心疾患、脳血管疾患、高血圧性疾患、糖尿病の5大成人病で入院したとき
女性疾病入院特約	女性特有の病気（子宮や乳房の病気、甲状腺の障害）などで入院したとき
通院特約	退院後（入院前の通院も対象としている特約もあり）、その入院の直接の原因となった病気やケガの治療を目的として通院したとき
リビング・ニーズ特約	医師から被保険者が余命6ヵ月以内と診断された場合、死亡保険金の一部または全部を生前給付金として受け取ることができる　＊保険料は不要
特定疾病（3大疾病）保障保険特約	ガン、急性心筋梗塞、脳卒中にかかり、また一定期間所定の状態になった場合に保険金が支払われる ＊保険金を受け取った時点で保険契約は終了 ＊保険金を受け取らずに死亡した場合は、原因を問わずに死亡保険金が支払われる
先進医療特約	**療養を受けた時点**において厚生労働大臣の承認した「一般の医療水準を超えた最新の医療技術」による医療行為を受けたとき、給付金が支払われる

損害保険

06 海外旅行保険では、地震もしくは噴火またはこれらによる津波を原因とするケガは、補償の対象となる。

重要度 A

2015年1月

07 ホテルが、クロークで顧客から預かった衣類や荷物の紛失や盗難により、法律上の損害賠償責任を負担した場合に被る損害に備える保険は、施設所有（管理）者賠償責任保険である。

重要度 B

2019年1月

06 **海外旅行傷害保険**は、海外旅行を目的に、**住居を出発してから帰宅するまで**の傷害を補償する保険で、細菌性食中毒も特約なしで補償される。**地震もしくは噴火またはこれらによる津波**を原因とするケガも、補償の対象となる。

➡ テキストp.145　解答　○

07 他人から預かった衣類や荷物の紛失や盗難により、法律上の損害賠償責任を負担した場合に被る損害に備える保険は、受託者賠償責任保険である。施設所有（管理）者賠償責任保険は、施設の所有や使用、管理に関する賠償責任を補償する保険である。

➡ テキストp.147　解答　×

おさらいするニャ

普通傷害保険と旅行傷害保険の違い

	病気	細菌性食中毒	地震・噴火・津波
普通傷害保険	×	△	△
国内旅行傷害保険	×	○	△
海外旅行傷害保険	△	○	○

○…対象　△…特約で対象　×…対象外

次の各文章の( )内にあてはまる最も適切な文章、語句、数字またはそれらの組み合わせを1)〜3)のなかから選び、その記号をマークしなさい。

生命保険の基礎知識

重要度 B

08 保険料が払い込まれずに失効した生命保険契約について、失効してから一定期間内に所定の手続を経て保険会社の承諾を得ることにより当該契約を復活する場合、復活後の保険料は(①)の保険料率が適用され、失効期間中の保険料については(②)。

1) ① 失効前　　② まとめて支払わなければならない
2) ② 復活時　　② まとめて支払わなければならない
3) ③ 復活時　　② 支払が一部免除される

2016年1月

09 生命保険の契約者が保険会社に払い込む保険料は、主として保険金等を支払うための財源となる(①)と、保険会社が保険契約を維持・管理していくための必要経費に充当される(②)とに大別できる。

1) ① 標準保険料　② 事業保険料
2) ① 純保険料　　② 付加保険料
3) ① 死亡保険料　② 費用保険料

2015年5月

学科試験

リスク管理

解説

08 保険料が払い込まれずに失効した生命保険契約は、失効してから一定期間内であれば、所定の手続を経て保険会社の承諾を得て、契約を復活することができる。契約の復活の際には、失効期間中の保険料を**まとめて**支払わなければならず、復活後の保険料は**契約時（失効前）**の保険料率が適用される。

➡ テキストp.108 　解答　1

09 生命保険の契約者が保険会社に払い込む保険料は、主として保険金等を支払うための財源となる**純保険料**と、保険会社が保険契約を維持・管理していくための必要経費に充当される**付加保険料**とに大別できる。純保険料は予定利率と予定死亡率によって決まり、付加保険料は予定事業費率によって決まる。

➡ テキストp.102 　解答　2

おさらいするニャ

保険料の構成

保険料
- 純保険料
  保険会社が支払う保険金に充てられる
  （予定利率と予定死亡率によって決まる）
  - 死亡保険料
    死亡保険金の支払いに充てられる
  - 生存保険料
    満期保険金や生存給付金に充てられる
- 付加保険料
  保険会社が保険契約を維持・管理していくための費用に充てられる
  （予定事業費率によって決まる）

33

生命保険商品 重要度

10 定期保険特約付終身保険(更新型)では、定期保険特約の保険金額を同額で自動更新すると、更新後の保険料は、通常、更新前(　　　)。

1） よりも高くなる
2） と変わらない
3） よりも安くなる

2015年1月

損害保険

11 地震保険の保険金額は、火災保険等の保険金額の一定範囲内で設定するが、居住用建物については(　①　)万円、生活用動産については(　②　)万円が上限となる。

1）　①　1,000　　②　200
2）　①　3,000　　②　500
3）　①　5,000　　②　1,000

2018年9月

10 定期保険特約付終身保険(更新型)では、定期保険特約の保険金額を同額で**自動更新**すると、更新後の保険料は加入時ではなく更新時の年齢で計算されるので、通常、**更新前よりも高くなる**。更新の際には、健康状態は問われない。

→ テキストp.116　解答　1

11 **地震保険**の保険金額は、主契約である火災保険等の保険金額の**30%～50%**の範囲内での設定となり、居住用建物については**5,000万円**、生活用動産(家財)については**1,000万円**の限度額が設けられている。

→ テキストp.143　解答　3

地震保険の問題は、よく出題されるから、しっかり覚えておくニャ

── おさらいするニャ ──

地震保険

保険の目的………住宅と家財、ただし1個または1組の価額が**30万円**超の貴金属などは対象外

保険金額…………主契約（火災保険）の保険金額の**30%～50%**の範囲内で設定。ただし、建物**5,000万円**、家財**1,000万円**が上限

保険金の支払い…平成29年1月1日以降の契約では、建物または家財が全損の場合は保険金額の全額、大半損の場合は**60%**、小半損の場合は**30%**、一部損の場合は**5%**が支払われる

12 普通傷害保険では、被保険者が（　　）場合、補償の対象とならない。

1） 通勤中に駅の階段で転倒して骨折した
2） 自宅で料理中に油がはねてやけどをした
3） 公園でランニングをして靴ずれが生じた

2014年9月

解説

12 傷害保険では、**急激かつ偶然な外来の事故**が原因の傷害による死亡、後遺障害、入院、手術などを対象に保険金が支払われる。したがって、靴ずれは対象とならない。

→ テキストp.144,145　解答　3

普通傷害保険に限らず、原則として、傷害保険は「急激かつ偶然な外来の事故が原因」の損害が補償の対象になるニャ

おさらいするニャ

おもな傷害保険

普通傷害保険	・国内外を問わず、日常生活の中で起こるさまざまな事故による傷害を補償する保険 ・**病気や細菌性食中毒は対象外** ・地震、噴火、津波を原因とする傷害は対象外 ・家族*全員を対象とする<u>家族傷害保険</u>もある
交通事故傷害保険	・国内外を問わず、おもに交通事故や、道路通行中の物の落下や倒壊などによる傷害を補償する保険 ・家族*全員の交通傷害などを補償する<u>ファミリー交通傷害保険</u>もある
国内旅行傷害保険	・国内旅行を目的に、住居を出発してから帰宅するまでの傷害を補償する保険 ・細菌性食中毒は補償の対象となる ・地震などによる傷害は対象外
海外旅行傷害保険	・海外旅行を目的に、住居を出発してから帰宅するまでの傷害を補償する保険 ・細菌性食中毒、地震、噴火、津波による傷害も補償の対象となる
年金払積立傷害保険	・国内外を問わず、保険期間中の傷害による死亡や後遺障害の補償と、保険料払込満了後の年金の支払いがセットになった積立型の傷害保険 ・年金の受取方式は確定型と保証期間付有期型の2種類がある ・**終身型**はない

＊家族を対象とする契約では、本人、事故発生時の本人の配偶者、本人または配偶者と生計を共にする同居の親族、本人または配偶者と生計を共にする別居の未婚の子が自動的に被保険者となる。

13 飲食店において、店舗の床が清掃時の水で濡れていたことにより、来店客が足を滑らせて転倒して骨折し、入院をした。このような場合の損害賠償に備える損害保険としては、（　　）が適している。

1）　生産物賠償責任保険
2）　施設所有（管理）者賠償責任保険
3）　受託者賠償責任保険

2020年1月

解説

13 **施設所有（管理）者賠償責任保険**は、ビルなどの施設の所有や使用、管理に関する賠償責任を補償する保険。したがって、解答は2。なお、**生産物賠償責任保険（PL保険）**は、企業が製造・販売した製品が原因で発生した事故によって、他人の身体・生命・財産に損害を与えた場合の賠償責任を補償する保険。**受託者賠償責任保険**は、他人から預かっている物（受託物）が火災、盗難にあったり破損したりしてしまった場合の賠償責任を補償する保険である。

➡ テキストp.147　解答　2

学科試験

リスク管理

おさらいするニャ

おもな賠償責任保険

個人賠償責任保険	・日常生活における事故によって、他人にケガをさせたり、他人の物を壊したりするなどの、損害賠償責任を負ったときのための保険 ・1つの契約で家族全員（配偶者、本人または配偶者と生計を共にする同居親族・別居の未婚の子）が補償対象となる ・業務遂行中の賠償事故は対象外 ・車を運転中に起きた事故は対象外 ・借り物や預かり物に対する損害賠償は対象外
生産物賠償責任保険 （PL保険）	・企業を対象とした保険 ・製造、販売した製品の欠陥によって他人に損害を与え、損害賠償責任を負ったときのための保険 　（例）旅館の食事で食中毒を出した場合など

39

金融資産運用

次の各文章を読んで、正しいものまたは適切なものには○を、誤っているものまたは不適切なものには×をつけなさい。

マーケット環境の理解

01 日本銀行の公開市場操作による買いオペレーションは、市中の資金量を増加させ、金利の低下を促す効果がある。　　　　　　　　　　2019年5月

02 金融商品取引法に規定される「適合性の原則」とは、顧客の知識、経験、財産の状況および金融商品取引契約を締結する目的に照らして不適当と認められる勧誘を行ってはならないというルールである。　　　　　　2016年1月

債券投資

03 一般に、流通市場で取引されている固定利付債券では、市中金利の上昇に伴い、債券価格が上昇する。　　　　　　　　　　　　　　　2017年1月

解説

01 日本銀行による公開市場操作の**買いオペレーション**は、市中銀行から債券を買い取ることで資金量を増やして金利を低めに誘導する。国内の景気低迷時に**金融の緩和**を目的として行われる。**金融の引締め**を目的として行われるのは**売りオペレーション**で、日銀が市中銀行に債券を売却することで銀行から資金を吸い上げ、資金量を減らすことで金利を高めに誘導する。

➡ テキストp.159　**解答**　○

02 **金融商品取引法**では、一般の投資家と特定の投資家（機関投資家などのプロの投資家）に区分しており、一般投資家に対する販売・勧誘に際しては、広告規制や契約締結前の書面交付義務、**適合性の原則**などが適用される。

➡ テキストp.162　**解答**　○

03 債券の価格と金利は**逆**に動く。市中（市場）金利が上昇すれば、債券価格は**下落**する。

➡ テキストp.178　**解答**　×

おさらいするニャ

公開市場操作のしくみ

買いオペレーション　金利を低めに誘導する効果

資金量が増えたから貸出金利が下がります

日銀　債券買います！　通貨　債券　銀行

売りオペレーション　金利を高めに誘導する効果

日銀　債券　通貨　銀行

資金量が減ったから貸出金利が上がります

債券売ります！

学科試験

金融資産運用

41

投資信託

04 東京証券取引所に上場されているETF（上場投資信託）には、海外の株価指数などに連動する銘柄もある。

2018年1月

株式投資

05 日経平均株価は、東京証券取引所市場第一部に上場する代表的な225銘柄を対象として算出される株価指標である。

2020年1月

解説

04 東京証券取引所に上場されている**ETF（上場投資信託）**には、国内のTOPIXなどの株価指数だけでなく、海外の株価指数や原油・金などの商品価格に連動する銘柄もある。

➡ テキストp.188　**解答** ○

05 **日経平均株価**は、東京証券取引所市場第一部に上場している代表的な**225銘柄**を対象とした修正平均株価（株価の権利落ちや銘柄の入れ替えがあっても連続性を失わないように工夫してある）である。東京証券取引所市場**第一部**に上場している**全銘柄**の時価総額を対象としている株価指数は、**TOPIX（東証株価指数）**である。

➡ テキストp.192　**解答** ○

おさらいするニャ

代表的な株式指標

市場全体の時価総額	上場している全銘柄の株価（終値）に発行済株式数を掛けて合計したもの。これによって株式市場の規模を知ることができる
売買高	1日に売買が成立した株数。**出来高**ともいう
売買代金	1日に売買が成立した代金の合計額。売買高を金額で表したもの
日経平均株価 （日経225）	・東京証券取引所第一部に上場している代表的な**225銘柄**を対象とした修正平均型の株価指数 ・株価の**権利落ち**や銘柄の入れ替えなどがあっても連続性を失わないように工夫されている ・一部の**値がさ株（株価の高い銘柄）** 等の値動きに影響を受けやすい
東証株価指数 （TOPIX）	・東京証券取引所第一部に上場している**全銘柄**を対象とし、発行済株式総数でウエイトをつけた時価総額加重型の株価指数 ・平成18年7月以降、実際に市場に流通している株式のみを対象とした算出方法（浮動株指数）に変更 ・時価総額の大きい銘柄の影響を受けやすい
JPX日経インデックス400 （JPX日経400）	・平成26年1月からの新指標 ・東証全体（東証一部、二部、マザーズ、ジャスダック）のなかで、**一定の要件**（資本を効率的に活用しているかなど）を満たした**400社（400銘柄）** で構成される株価指数 ・日本取引所グループ、東京証券取引所、日本経済新聞社が共同で開発したもの ・基準日（平成25年8月30日）を**10,000**ポイントとして指数を算出

43

外貨建て金融商品 重要度 A

06 外貨預金に預け入れるために、預金者が円貨を外貨に換える場合に適用される為替レートは、預入金融機関が提示するTTSである。 2017年5月

金融派生商品 重要度 B

07 オプション取引において、将来の一定期日または一定期間内に、株式などの原資産を特定の価格(権利行使価格)で買う権利のことを、プット・オプションという。 2018年9月

06 円を外貨に替える場合に適用される為替レートは**TTS（対顧客電信売相場）**であり、外貨を円に替える場合に適用されるのが**TTB（対顧客電信買相場）**である。このレートの差が為替手数料に相当する。為替手数料は通貨や金融機関ごとに異なる。

➡ テキストp.201　解答　○

07 ある商品を将来の一定期日または一定期間内に、あらかじめ決められた価格（権利行使価格）で売買する取引を**オプション取引**といい、権利行使価格で買う権利のことを、**コール・オプション**という。売る権利は**プット・オプション**という。

➡ テキストp.205　解答　×

おさらいするニャ

為替レート

TTS	対顧客電信売相場	円貨を外貨に換える際のレート
TTB	対顧客電信買相場	外貨を円貨に換える際のレート
TTM	仲値	顧客と為替取引をする際の基準相場。各金融機関で毎日、その日の為替相場をもとに決めている

＊TTS＝Telegraphic Transfer Selling Rate
　TTB＝Telegraphic Transfer Buying Rate
　TTM＝Telegraphic Transfer Middle Rate

学科試験　金融資産運用

ポートフォリオ運用 重要度 B

08 2資産で構成されるポートフォリオにおいて、2資産間の相関係数が1である場合、ポートフォリオのリスク低減効果は最大となる。

2019年5月

08 　**相関係数**はポートフォリオに組み込まれている証券間の変動の関連性の強さを表す尺度であり、－1から1の範囲の数値で表される。－1に近いほど値動きは反対の動きをするので、ポートフォリオのリスク低減効果が最も大きくなるのは、相関係数が**－1**であるときである。

 テキストp.203　解答　×

 相関係数は出題の多いところ。
「－1で最大のリスク低減効果」
と覚えておくニャ！

おさらいするニャ

相関係数の動き

相関係数＝1のとき	その証券同士は全く同一方向に動く
相関係数＝0のとき	その証券同士の動きは全く関係がない
相関係数＝－1のとき	その証券同士は全く逆に動く

預貯金

重要度 B

09 元金2,000,000円を、年利2％（1年複利）で3年間運用した場合の元利合計金額は、税金や手数料等を考慮しない場合、（　）である。

1）　2,097,544円
2）　2,120,000円
3）　2,122,416円

2018年1月

解説

09 1年複利の計算式（税引前）は、「満期時の元利合計＝元本×（1＋利率）^年数」なので、

200万円×(1＋0.02)³＝2,122,416円

→ テキストp.170　解答　3

半年複利の場合は、利率は「年利率÷2」、年数部分は「年数×2」として計算するよ

おさらいするニャ

複利の計算式（税引前）

　　満期時の元利合計 ＝元本 × （1 ＋ 利率*)n**

　＊利率…1年複利＝年利率、半年複利＝年利率÷2、1ヵ月複利＝年利率÷12
　＊＊n……1年複利＝年数、半年複利＝年数×2、1ヵ月複利＝月数（年数×12）

債券投資

10 表面利率(クーポンレート)1.2％、残存期間4年の固定利付債券を、額面100円当たり101円で購入し、2年後に額面100円当たり100円で売却した場合の所有期間利回り(単利)は、(　　　)である。なお、税金や手数料等は考慮しないものとし、答は％表示の小数点以下第3位を四捨五入している。

1) 0.69％
2) 0.73％
3) 0.87％

2019年9月

10

$$所有期間利回り(\%) = \frac{表面利率(\%) + \dfrac{売却価格 - 買付価格}{所有期間(年)}}{買付価格} \times 100$$

で計算されるので、

$$所有期間利回り(\%) = \frac{1.2 + \dfrac{100 - 101}{2}}{101} \times 100 ≒ 0.6930\cdots = 0.69$$

➡ テキストp.180　解答　1

債券の利回り計算は頻出されているよ。簡単にいうと、1年当たりの平均収益を投資した金額で割ると求められるってことだニャ

おさらいするニャ

債券の4つの利回り

$$応募者利回り(\%) = \frac{表面利率 + \dfrac{額面(100円) - 発行価格}{償還年限(期間)}}{発行価格} \times 100$$

$$最終利回り(\%) = \frac{表面利率 + \dfrac{額面(100円) - 買付価格}{残存年限(期間)}}{買付価格} \times 100$$

$$所有期間利回り(\%) = \frac{表面利率 + \dfrac{売却価格 - 買付価格}{所有期間}}{買付価格} \times 100$$

$$直接利回り(\%) = \frac{表面利率}{買付価格} \times 100$$

投資信託

11 追加型株式投資信託を基準価額1万2,000円で1万口購入した後、最初の決算時に1万口当たり400円の収益分配金が支払われ、分配落ち後の基準価額が1万1,700円となった場合、その収益分配金のうち、普通分配金は（　①　）であり、元本払戻金（特別分配金）は（　②　）である。

1）　①　100円　　②　300円
2）　①　300円　　②　100円
3）　①　400円　　②　300円

2019年1月

金融商品等の課税関係

12 つみたてNISA勘定（非課税累積投資契約に係る少額投資非課税制度における累積投資勘定）に受け入れることができる限度額は年間（　①　）で、その非課税期間は最長で（　②　）となる。

1）　①　40万円　　②　20年間
2）　①　80万円　　②　20年間
3）　①　120万円　②　10年間

2019年1月

11 投資信託の普通分配金は、決算時の基準価額が個別元本と同額またはそれを上回る場合の分配金であり、特別分配金は、決算日の基準価額が個別元本を下回る場合の差額を指す。
設問の場合の個別元本（購入時の基準価額）は1万2,000円、分配落ち後の基準価額が1万1,700円で、収益分配金が400円であることから、
特別分配金：1万2,000円 − 1万1,700円 ＝ 300円・・・②
普通分配金：400円 − 300円 ＝ 100円・・・①

➡ テキストp.207,208　解答　1

12 つみたてNISA勘定に受け入れることができる限度額は年間40万円で、その非課税期間は最長で20年となるが、いつでも途中で売却することもできる。一般NISAとの併用は不可。

➡ テキストp.209,210　解答　1

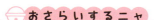

投資信託の分類

運用対象による分類	
公社債投資信託	公共債や事業債を中心に運用する投資信託。株式に投資することはできない
株式投資信託	株式に投資することが可能な投資信託
購入時期による分類	
単位型（ユニット型）	購入は、募集期間中に限られている
追加型（オープン型）	設定後も追加購入できる。現在の投資信託の主流
解約ができるかどうかによる分類	
オープンエンド型	いつでも解約することができる
クローズドエンド型	解約できない。換金するときは市場で売却する
運用スタイルによる分類	
インデックス運用（パッシブ運用）	・インデックス（指数）と連動するように設計されている ・インデックスファンドが代表的
アクティブ運用	・ベンチマーク*を上回る投資収益の確保を目指す運用方法
トップダウン・アプローチ	マクロ経済全体の動きをみて、組入銘柄を選別する方法
ボトムアップ・アプローチ	個別企業の調査や分析から投資判断をし、投資魅力が高い銘柄を積み上げてポートフォリオを構築する方法
バリュー投資	株価の割安性（バリュー）に着目する方法
グロース投資	企業の成長性（グロース）に着目する方法

＊ベンチマーク……ファンドの目標となる指標。ファンドの投資対象によって異なる。

タックスプランニング

次の各文章を読んで、正しいものまたは適切なものには○を、誤っているものまたは不適切なものには×をつけなさい。

わが国の税制

重要度 B

01 納税義務者と担税者が異なることを予定している税を間接税といい、間接税の例として消費税が挙げられる。

2013年9月

所得税の基本

重要度 B

02 所得税においては、原則として、超過累進税率が採用されており、課税所得金額が多くなるに従って税率が高くなる。

2020年1月

重要度 A

03 生命保険契約の入院特約に基づき被保険者本人が受け取る入院給付金は、所得税では非課税所得となる。

2015年1月

解説

01 納税義務者と担税者が異なることを予定している税を**間接税**といい、間接税の例として**消費税**、印紙税、登録免許税などがある。納税義務者と担税者が同じ税は**直接税**といい、**所得税**や**法人税**、**相続税**や**贈与税**などがある。

→ テキストp.218　解答　○

02 所得税には、**超過累進税率**が適用されている。相続税や贈与税も超過累進税率である。

→ テキストp.219　解答　○

03 生命保険契約に基づく入院給付金や手術給付金は**非課税**である。そのほか、**給与所得者の通勤手当（月額15万円まで）**、雇用保険の失業等給付、国民年金等の障害給付・遺族給付、国内の**宝くじの当せん金**なども非課税所得である。

→ テキストp.221　解答　○

おさらいするニャ

非課税所得の例

- 給与所得者の**通勤手当**（月額15万円まで）
- 雇用保険の**失業等給付**
- 公的年金の**障害給付**（障害年金）や**遺族給付**（遺族年金）
- **損害賠償金**
- 損害保険金
- 国内の**宝くじの当せん金**
  （海外の宝くじは一時所得として課税される）

それぞれの所得と計算方法

04 不動産所得の金額の計算上生じた損失の金額のうち、不動産所得を生ずべき土地等を取得するために要した負債の利子の額に相当する部分の金額は、損益通算の対象とならない。

2019年1月

課税標準の計算

05 ゴルフ会員権を譲渡したことによる譲渡損失の金額は、他の各種所得の金額と損益通算することができない。

2017年1月

04 不動産所得の金額の計算上生じた損失の金額のうち、不動産所得を生ずべき土地等を取得するために必要であった借入金等の負債の利子に相当する金額は、損益通算の対象とはならない。建物を建てるための借入金等の負債の利子に相当する金額は、損益通算の対象となる。

05 事業所得、山林所得、不動産所得、譲渡所得は他の所得との損益通算が可能だが、不動産所得や譲渡所得には損益通算の対象とならないものがあり、ゴルフ会員権を譲渡したことによる譲渡損失の金額は、他の各種所得の金額と損益通算することはできない。

おさらいするニャ

損益通算の対象とならない損失

不動産所得

- 土地取得のための借入金の利子（ローン金利）

譲渡所得

- 土地・建物の譲渡による損失[*]
- 株式等の譲渡による損失[**]
- 生活に通常必要でない資産の譲渡損失

[*]自分が住む家など、特定の居住用資産の譲渡損失については、損益通算できる特例がある。
[**]上場株式等の譲渡損失は、申告分離課税を選択した上場株式等の配当所得の金額と損益通算が可能。

税額控除 　　　　　　　　　　　　　　　　　　　　　　　　　　　　重要度 A

06 住宅借入金等特別控除の対象となる新築住宅は、床面積が50㎡以上で、かつ、その2分の1以上に相当する部分がもっぱら自己の居住の用に供されるものとされている。

2016年1月

所得税の申告と納付 　　　　　　　　　　　　　　　　　　　　　　　重要度 B

07 給与所得者のうち、その年分の給与等の金額が1,800万円を超える者は、年末調整の対象者とならず、所得税について確定申告をしなければならない。

2014年5月

解説

06 **住宅借入金等特別控除**の適用を受けるためには、そのほか、控除を受ける年の合計所得金額が3,000万円以下であること、返済期間10年以上のローンであることなどの要件を満たすことが必要である。

→ テキストp.274　解答　◯

07 その年分の給与等の金額が**2,000万円**を超える給与所得者は**確定申告**が必要となる。

→ テキストp.277　解答　×

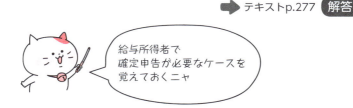

おさらいするニャ

給与所得者で確定申告が必要な場合の例
- 給与収入が**2,000万円**を超えている人
- 2ヵ所以上から給与の支払いを受けている人
- 給与所得、退職所得以外の所得が**20万円**を超えている人
- **雑損控除、医療費控除、寄附金控除**＊を受ける人
- 住宅借入金等特別控除を受けるとき（**最初の年分のみ**必要。2年目以降は年末調整可）
- **配当控除**などの税額控除を受けるとき

＊確定申告の不要な給与所得者等がふるさと納税を行う場合、「ふるさと納税ワンストップ特例制度」を利用すれば、確定申告を行わなくてもふるさと納税の寄附金控除（住民税のみ）を受けられます。特例の申請にはふるさと納税先の自治体数が5団体以内で、ふるさと納税を行う際に各ふるさと納税先の自治体に特例の適用に関する申請書を提出する必要があります。

次の各文章の( )内にあてはまる最も適切な文章、語句、数字またはそれらの組み合わせを1)〜3)のなかから選び、その記号をマークしなさい。

所得税の基本

重要度 B

08 所得税における居住者とは、日本国内に住所を有し、または現在まで引き続いて( )以上居所を有する個人をいう。

1) 1年
2) 5年
3) 10年

2013年9月

課税標準の計算

重要度 B

09 所得税において、( )の金額の計算上生じた損失の金額は、他の所得の金額と損益通算することができる。

1) 雑所得
2) 事業所得
3) 一時所得

2015年5月

08 所得税における居住者とは、国内に住所を有する、または現在まで引き続き **1年**以上の期間、国内に居所を有する個人をいう。

➡ テキストp.220　解答　1

09 **損益通算**できるのは、**不動産所得**、**事業所得**、**山林所得**、**譲渡所得**である。

➡ テキストp.249　解答　2

所得控除

10 所得税における医療費控除の控除額は、その年中に支払った医療費の金額の合計額（保険金等により補てんされる部分の金額を除く）が、その年分の総所得金額等の合計額の5％相当額または（　　）のいずれか低いほうの金額を超える部分の金額（最高200万円）である。

1）　5万円
2）　10万円
3）　20万円

2018年1月

税額控除

11 上場株式の配当について配当控除の適用を受ける場合、配当所得について（　　）を選択して所得税の確定申告をしなければならない。

1）　総合課税
2）　申告分離課税
3）　源泉分離課税

2014年9月

10 所得税における医療費控除の控除額は、「**その年中に支払った医療費の金額の合計額－保険金等により補てんされる金額－10万円**」で計算される。ただし、「10万円」は、総所得金額等が200万円未満の場合は、「**総所得金額等×5％**」で計算される。また、「保険金等により補てんされる金額」は、健康保険の高額療養費・出産育児一時金・生命保険等の入院給付金などが該当する。

→ テキストp.263　解答　**2**

11 上場株式の配当について**配当控除**の適用を受ける場合、配当所得については**総合課税**を選択して所得税の確定申告をしなければならない。外国法人からの利益の配当や、申告不要を選択した配当は配当控除の対象とならない。

→ テキストp.274　解答　**1**

おさらいするニャ

医療費控除の計算

控除額＊＝実際に支払った医療費の合計額
　　　　－保険金などで補てんされる金額＊＊
　　　　－10万円＊＊＊

　＊控除額の上限は200万円。
　＊＊保険金などで補てんされる金額……健康保険の高額療養費・出産育児一時金や生命保険等の入院給付金など。
　＊＊＊総所得金額等が200万円未満の場合は、総所得金額等×5％。

所得税の計算

重要度

12 課税総所得金額が250万円である者の所得税額（復興特別所得税額を含まない）は、下記の〈資料〉を使用して（　　）となる。

〈資料〉所得税の速算表（一部抜粋）

課税される所得金額	税率	控除額
195万円超330万円以下	10%	97,500円

1) 　97,500円
2) 　152,500円
3) 　240,250円

2014年5月

12 所得税額は速算表より、2,500,000円×10%－97,500円＝152,500円

→ テキストp.271,272　解答　2

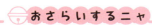

課税総所得金額に対する所得税額の計算

所得税額＝課税総所得金額（A）×税率（B）－控除額（C）

課税総所得金額（A）		税率（B）	控除額（C）
	195万円以下	5%	－
195万円超	330万円以下	10%	9.75万円
330万円超	695万円以下	20%	42.75万円
695万円超	900万円以下	23%	63.6万円
900万円超	1,800万円以下	33%	153.6万円
1,800万円超	4,000万円以下	40%	279.6万円
4,000万円超		45%	479.6万円

※実際の試験では、速算表が与えられます。

不動産

次の各文章を読んで、正しいものまたは適切なものには○を、誤っているものまたは不適切なものには×をつけなさい。

不動産の見方

重要度 B

01 不動産の登記記録において、所有権に関する登記事項は、権利部の乙区に記載される。

2018年5月

重要度 A

02 登記の記載を信頼して不動産を取得した者は、記載されていた登記名義人が真実の権利者ではなかった場合でも、原則として、その不動産に対する権利が認められる。

2015年9月

解説

01 土地の**登記**記録の**権利部乙区**には、**所有権以外の権利**（**抵当権**設定、地上権設定、地役権設定など）に関する事項が記録されている。

➡ テキストp.289　解答　×

02 不動産登記には**対抗力**（権利の得失または変更を第三者に対して主張できる法的な効力のこと）はあるが、**公信力**（登記を信頼して、登記記録に記載されている者と取引した者が保護される効力）がないため、登記記録を信じて取引した場合であっても保護されない。

➡ テキストp.291　解答　×

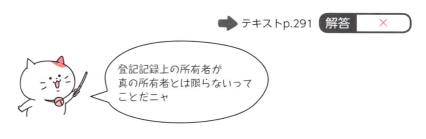

登記記録上の所有者が真の所有者とは限らないってことだニャ

おさらいするニャ

不動産登記記録の構成

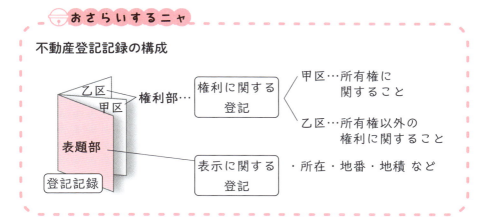

不動産取引

03 借地借家法の規定によれば、事業用定期借地権等の設定を目的とする契約は、公正証書によって締結しなければならない。

2019年5月

不動産に関する法令

04 建築基準法の規定によれば、住宅は、工業専用地域内および工業地域内では建築することができない。

2015年5月

05 建築基準法の規定によれば、第一種低層住居専用地域内における建築物の高さは、原則として10mまたは20mのうち当該地域に関する都市計画において定められた建築物の高さの限度を超えてはならない。

2019年1月

03 事業用定期借地権等の設定を目的とする契約は、公正証書により締結しなければならないが、一方、一般定期借地権の場合は、書面であればよい。

04 **建築基準法**の規定では、住宅は**工業専用地域内を除く**どの地域でも建築することができるので、工業地域内では建築することができる。

05 建築基準法により、第一種・第二種低層住居専用地域では、高さ10mまたは**12m**（絶対高さ制限）のうち、都市計画で定めた高さの限度を超える建築物を建築できない。

不動産にかかる税金

重要度 B

06 不動産取得税は、贈与による不動産の取得に対しては課されない。

2013年1月

重要度 A

07 「居住用財産の譲渡所得の特別控除（居住用財産を譲渡した場合の3,000万円の特別控除）」は、居住用財産を居住の用に供さなくなった日から3年を経過する日の属する年の12月31日までに譲渡しなければ、適用を受けることができない。

2016年1月

06 **不動産取得税**は、売買や交換のほか、贈与や新築・増改築などによる不動産の取得の場合に、登記の有無や有償無償を問わずに課税される。ただし、相続や遺贈による取得には課税されない。

➡ テキストp.325　解答　×

07 **居住用財産の譲渡所得の特別控除**は、現在居住していない場合は、居住しなくなった日から3年を経過した日の属する年の12月31日までに譲渡することも要件の1つとなっている。

➡ テキストp.333　解答　○

3年に1度しか適用できないんだニャ

おさらいするニャ

居住用財産の3,000万円特別控除の特例のおもな要件
・個人が自己の居住用財産を譲渡する場合であること
・譲渡した相手が、配偶者や直系血族、生計を一にしている親族・同族会社などの特別な関係でないこと
・前年、前々年に、この特例や「特定の居住用財産の買換え特例」「譲渡損失の繰越控除の特例」を受けていないこと（3年に1回なら適用可能）
・以前住んでいて、現在居住していない場合は、住まなくなってから3年目の年の12月31日までに譲渡すること

学科試験 三答択一式

次の各文章の( )内にあてはまる最も適切な文章、語句、数字またはそれらの組み合わせを1)〜3)のなかから選び、その記号をマークしなさい。

不動産取引　　　　　　　　　　　　　　　　　　　　　　重要度 B

08　宅地または建物の売買または交換の媒介契約のうち、(①)では、依頼者は他の宅地建物取引業者に重ねて媒介の依頼をすることが禁じられるが、(②)では、依頼者は他の宅地建物取引業者に重ねて媒介の依頼をすることができる。

1)　①　専任媒介契約　　②　専属専任媒介契約
2)　①　専任媒介契約　　②　一般媒介契約
3)　①　一般媒介契約　　②　専任媒介契約

2018年1月

学科試験

不動産

解説

08 宅地または建物の売買または交換の媒介契約のうち、**専属専任媒介契約**や**専任媒介契約**では、依頼者は他の宅地建物取引業者に重ねて媒介の依頼をすることが禁じられるが、**一般媒介契約**では、依頼者は他の宅地建物取引業者に重ねて媒介の依頼をすることができる。

➡ テキストp.296　解答　2

おさらいするニャ

媒介契約の3つの種類

	契約期間	依頼者ができること		宅地建物取引業者の義務	
		他の業者に同時に依頼	自分で取引相手を見つける（自己発見取引）	依頼者への報告義務	指定流通機構への物件登録義務
一般媒介	制限なし	○ できる	○ できる	× なし	× なし
専任媒介	3ヵ月以内	× できない	○ できる	○ あり（2週間に1回以上）	○ あり（契約日から7日以内に登録）
専属専任媒介	3ヵ月以内	× できない	× できない	○ あり（1週間に1回以上）	○ あり（契約日から5日以内に登録）

73

不動産に関する法令

重要度

09 建築基準法の規定では、都市計画区域および準都市計画区域内の建築物の敷地は、原則として、幅員（　①　）以上の道路に（　②　）以上接しなければならない。

1）　①　2m　　　②　1.5m
2）　①　4m　　　②　2m
3）　①　4m　　　②　1.5m

2019年9月

09 建築基準法の規定には、都市計画区域および準都市計画区域内の建築物の敷地は、原則として、幅員4m以上の道路に2m以上接しなければならないという、いわゆる接道義務とよばれる規定がある。ただし、4m未満の道でも、特定行政庁の指定により建築が認められている道路もある（2項道路）。2項道路は、その中心線から水平距離で2m後退（セットバック）した線がその道路の境界線としてみなされる。

➡ テキストp.313,314　解答　2

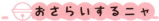

セットバック

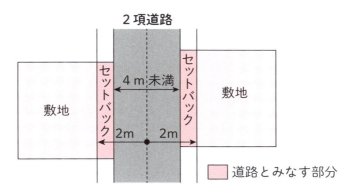

10 「建物の区分所有等に関する法律(区分所有法)」の規定によれば、集会においては、区分所有者および議決権の各(　　)以上の多数で、建物を取り壊し、当該敷地上等に新たな建物を建築する旨の決議(建替え決議)をすることができる。

1) 3分の2
2) 4分の3
3) 5分の4

2015年5月

10 「建物の区分所有等に関する法律（区分所有法）」の規定によれば、集会においては、区分所有者および議決権の各**5分の4以上**の多数で、建物を取り壊し、当該敷地上等に新たな建物を建築する旨の決議（建替え決議）をすることができる。規約の設定や変更・廃止、大規模滅失（建物価格の１／２超）の場合の復旧は４分の３以上の多数で決議することができる。

➡ テキストp.319　解答　3

おさらいするニャ

区分所有法における区分所有者および議決権の要件

決議に必要な数	おもな決議事項
1/5以上	集会の招集
過半数	管理者の選任・解任
3/4以上	規約の設定・変更・廃止、 大規模滅失（建物価格の1/2超）による復旧
4/5以上	建替え（建物を取り壊し、新たに建築する）

重要度 B

11 所有する農地を自宅の建築を目的として宅地に転用する場合、原則として都道府県知事等の許可が必要であるが、市街化区域内にある農地については、あらかじめ（　　）に届出をすれば都道府県知事等の許可は不要である。

1）　国土交通大臣
2）　市町村長
3）　農業委員会

2020年1月

11 農地を農地以外のものに転用する場合、原則として都道府県知事等の許可が必要であるが、**市街化区域**（すでに市街地になっている区域や、今後おおむね10年以内に優先的かつ計画的に市街化を行うべき区域）内にある一定の農地については、あらかじめ**農業委員会**に届出をすれば都道府県知事等の許可を得なくてもよい。

→ テキストp.319,320　解答　3

許可が必要な農地で、許可を受けずに締結した売買契約は無効になるニャ

おさらいするニャ

農地法3条・4条・5条

	目的	許可権者	市街化区域内の特例
3条	権利移動 （農地・採草放牧地をそのままの状態で売却等すること）	農業委員会	―
4条	転用 （農地を農地以外の土地に変更すること）	都道府県知事等 （4ha超は農林水産大臣と協議）	あらかじめ農業委員会に届け出れば許可は不要
5条	転用目的の権利移動 （農地を農地以外の土地にするために権利を移動すること）		

不動産の有効活用 重要度 A

12 投資総額2,000万円で購入した賃貸用不動産の年間収入の合計額が120万円、年間費用の合計額が40万円である場合、この投資の純利回り（NOI利回り）は、（　　　）である。

1）　3.5％
2）　4.0％
3）　6.0％

2019年5月

12 純利回り（NOI利回り）は、「(年間賃料収入 − 実質費用) ÷ 投資額 × 100」で求める。したがって、(120万円 − 40万円) ÷ 2,000万円 × 100 = 4％

➡ テキストp.344　解答　2

おさらいするニャ

表面利回りの計算式

表面利回り(％) = $\dfrac{\text{年間賃料収入}}{\text{投資額}} \times 100$

純利回りの計算式

純利回り(％) = $\dfrac{\text{年間賃料収入} - \text{実質費用}}{\text{投資額}} \times 100$

相続・事業承継

次の各文章を読んで、正しいものまたは適切なものには○を、誤っているものまたは不適切なものには×をつけなさい。

贈与と税金　　　　　　　　　　　　　　　　　　　　　　重要度 B

01 個人が法人から贈与を受けた財産は、贈与税の課税対象となる。

2019年1月

重要度 B

02 贈与税の納付は、金銭での一括納付のほか、延納または物納によることが認められている。

2015年5月

解説

01 個人が法人から贈与を受けた財産は、贈与税は課税されず、一時所得や給与所得として所得税・住民税が課税される。

→ テキストp.353　解答 ×

贈与税の非課税財産はよく出題されるニャ

02 贈与税の納付は、金銭での一括納付のほか、一定の要件を満たせば延納も認められているが、物納は認められていない。

→ テキストp.359　解答 ×

おさらいするニャ

贈与税の非課税財産

非課税財産の内容	留意点
法人からの贈与による財産	贈与税は課税されないが、一時所得や給与所得として所得税・住民税が課税される
扶養義務者から贈与を受けた生活費や教育費	受け取った生活費で預金や投資をした場合、贈与税の対象となる
相続開始の年に被相続人から贈与を受けた財産	原則として相続税の対象となる
香典、贈答、見舞金など	過大な額の場合、贈与税の対象となる
離婚による財産分与	過大な額の場合、贈与税の対象となる

相続と法律

03 相続人が複数いる場合、相続の限定承認は、相続人全員が共同して行わなければならない。

2015年1月

04 自筆証書遺言を作成する場合において、自筆証書に添付する財産目録については、自書によらずパソコンで作成しても差し支えない。

2020年1月

05 被相続人の兄弟姉妹には、遺留分の権利が認められていない。

2013年5月

解説

03 相続の限定承認は、相続人全員が共同して行わなければならない。

➡ テキストp.372 解答 ○

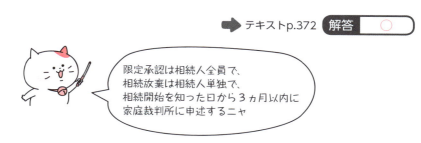

限定承認は相続人全員で、相続放棄は相続人単独で、相続開始を知った日から3ヵ月以内に家庭裁判所に申述するニャ

04 自筆証書遺言を作成する場合において、自筆証書に添付する財産目録については、自書によらずパソコンで作成しても差し支えない。また、署名押印をした預貯金通帳のコピー等も認められている。

➡ テキストp.377 解答 ○

遺言の種類と条件は要チェック!

05 被相続人の兄弟姉妹には、遺留分の権利は認められていない。遺留分があるのは、配偶者と子（またはその代襲相続人）、父母などの直系尊属のみである。

➡ テキストp.379 解答 ○

相続財産の評価

06 相続税において、自己が所有している宅地に賃貸マンションを建築して賃貸の用に供した場合、当該宅地は貸宅地として評価される。 2017年1月

相続対策

07 相続時精算課税制度の適用を受けた財産は、贈与者の相続に係る相続税の計算において、贈与時の価額によって相続税の課税価格に加算する。

2014年1月

06 相続税において、自己が所有している宅地に賃貸マンションを建築して賃貸の用に供した場合、当該宅地は**貸家建付地**として評価される。

→ テキストp.404 　解答　×

07 相続時精算課税制度の適用を受けた財産は、贈与者の相続に係る相続税の計算において、**贈与時の価額**によって相続税の課税価格に加算する。

→ テキストp.356,408 　解答　○

おさらいするニャ

宅地の相続税評価の計算式

自用地
　路線価方式または倍率方式により評価した価格

借地権
　自用地評価額×借地権割合

貸宅地
　自用地評価額×（1－借地権割合）

貸家建付地
　自用地評価額×（1－借地権割合×借家権割合×賃貸割合）

次の各文章の( )内に当てはまる最も適切な文章、語句、数字またはそれらの組み合わせを1)～3)のなかから選び、その記号をマークしなさい。

贈与と税金

08 「直系尊属から教育資金の一括贈与を受けた場合の贈与税の非課税の特例」における非課税拠出額の限度額は、受贈者1人につき( )である。

1) 1,000万円
2) 1,500万円
3) 2,000万円

2015年5月

08 「**直系尊属から教育資金の一括贈与を受けた場合の贈与税の非課税の特例**」における非課税拠出額の限度額は、受贈者1人につき**1,500万円**である。平成25年4月1日から令和3年3月31日までの間に、父母や祖父母などから、30歳未満の子や孫（平成31年4月1日からは前年の合計所得額が1,000万円以下であること）の名義の金融機関の口座等に教育資金の一括贈与を行った場合に適用される。

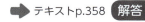

テキストp.358　解答　**2**

おさらいするニャ

教育資金の一括贈与

贈与者………直系尊属（父母・祖父母など）

受贈者………直系卑属（年間所得1,000万円以下の30歳未満の子・孫など）

非課税枠……1,500万円＊

＊学校等以外の者に支払われる金銭等は500万円が限度。ただし、令和元年7月1日以後の23歳以上の受贈者に対する学校等以外のための贈与は適用除外。

相続と法律 重要度

09 遺留分算定の基礎となる財産の価額が1億8,000万円で、相続人が配偶者と子の合計2人である場合、子の遺留分の金額は、(　　)となる。

1） 4,500万円
2） 6,000万円
3） 9,000万円

2016年1月

09 相続人が直系尊属のみの場合は相続財産の3分の1、その他の場合は相続財産の2分の1が遺留分となる。したがって、遺留分算定の基礎となる財産の価額が1億8,000万円で、相続人が配偶者と子の合計2人の場合の遺留分は、次のようになる。

配偶者：1億8,000万円×1/2×1/2＝4,500万円
子：1億8,000万円×1/2×1/2＝4,500万円

→ テキストp.379　解答　1

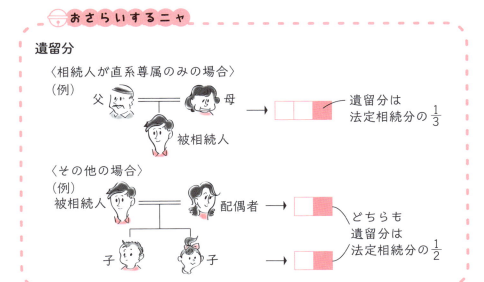

相続税

10 被相続人の業務上の死亡により、被相続人の雇用主から相続人が受け取った弔慰金は、実質上退職手当金等に該当すると認められるものを除き、被相続人の死亡当時の普通給与の（　　）に相当する金額まで相続税の課税対象とならない。

1）　半年分
2）　1年分
3）　3年分

2013年9月

11 相続税を計算するときは、被相続人が残した債務（被相続人が死亡した時にあった債務で確実と認められるもの）を遺産総額から差し引くことができるが、（　　　）については差し引くことができない。

1）　銀行等からの借入金
2）　墓地購入の未払代金
3）　被相続人の所得税の未納分

2018年1月

10 被相続人の業務上の死亡により、被相続人の雇用主から相続人が受け取った**弔慰金**は、実質上退職手当金等に該当すると認められるものを除き、被相続人の死亡当時の普通給与の3年分に相当する金額まで**相続税**の課税対象とならない。業務上以外の死亡の場合は、被相続人の死亡時の普通給与の6ヵ月分までが相続税の課税対象とならない。

→ テキストp.383　解答　3

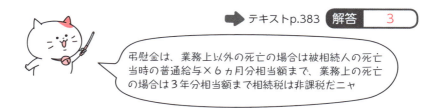

弔慰金は、業務上以外の死亡の場合は被相続人の死亡当時の普通給与×6ヵ月分相当額まで、業務上の死亡の場合は3年分相当額まで相続税は非課税だニャ

11 葬式費用や被相続人の残した債務（借入金）、未払いの医療費、未払いの税金などは相続財産から**控除することができる**。しかし、墓地や墓石の未払金などは、**控除できない**。

→ テキストp.384　解答　2

おさらいするニャ

債務控除の具体例

	控除できるもの	控除できないもの
債務	・借入金 ・未払いの医療費 ・未払いの税金（所得税・住民税・固定資産税など）	・墓地や墓石の未払金 ・保証債務 ・遺言執行費用 ・税理士への相続税申告費用
葬式費用	・通夜や本葬にかかった費用 ・宗教者への謝礼 ・遺体の捜索・運搬費用	・香典返しにかかった費用 ・法事にかかった費用

相続財産の評価

重要度

12 令和2年12月10日に死亡したAさんが所有していた上場株式Bの1株当たりの相続税評価額は、下記の〈資料〉によれば、（　　）である。

〈資料〉上場株式Bの価格（すべて令和元年のもの）

10月の毎日の最終価格の平均額	1,200円
11月の毎日の最終価格の平均額	1,500円
12月の毎日の最終価格の平均額	1,500円
12月10日の最終価格	1,800円

1）　1,200円
2）　1,500円
3）　1,800円

2015年1月・改

12 上場株式は、金融商品取引所の価格をもとに、①課税時期の終値で評価される。ただし、②当月の終値の月平均額　③前月の終値の月平均額　④前々月の終値の月平均額　の②～④の価額が①の価額より低い場合は、その**最も低い価額**で評価する。したがって、4つのうち最も低い価額の前々月(10月)の終値の月平均額1,200円が評価額となる。

➡ テキストp.397　解答　1

論点別問題
実技試験

「論点別問題(実技試験)」には、6分野の実技試験過去問題を論点別に収載しています。それぞれの分野が、「個人資産相談業務」「保険顧客資産相談業務」「資産設計提案業務」のどの科目の学習内容であるかをタイトルバーにアイコンで示しています。他の科目の出題であっても、自分が受検する科目名がアイコンで表示されている場合、学習内容は同じなので、練習としてすべて解くようにしましょう。

　　ライフプランニング……………………………………… p.98
　　リスク管理………………………………………………… p.110
　　金融資産運用……………………………………………… p.118
　　タックスプランニング…………………………………… p.126
　　不動産……………………………………………………… p.138
　　相続・事業承継…………………………………………… p.146

試験問題については、特に指示のない限り、2020年4月現在施行の法令等に基づいて、解答してください（復興特別法人税・復興特別所得税・個人住民税の均等割加算も考慮するものとします）。なお、東日本大震災の被災者等に係る国税・地方税関係の臨時特例等の各種特例については考慮しないものとします。

ライフプランニング

個人 資産 保険

次の設例に基づいて、下記の各問(01～03)に答えなさい。

2015年5月／個人・改

《設例》
　X社に勤務するAさん(59歳)は、妻Bさん(58歳)との2人暮らしである。Aさんは、60歳でX社を定年退職することを考えていたが、社長に慰留されたこともあり、継続雇用制度を利用して60歳以後もX社に継続勤務すべきか否かを悩んでいる。Aさんは、その判断材料の1つとして、今後の社会保険への加入やその給付について知りたいと考えており、ファイナンシャル・プランナーのMさんに相談することにした。
　Aさんおよび妻Bさんに関する資料は、以下のとおりである。

〈Aさんおよび妻Bさんに関する資料〉
（1）　Aさん（会社員）
　生年月日：昭和35年10月11日
　厚生年金保険、全国健康保険協会管掌健康保険、雇用保険に加入している。
　〔公的年金の加入歴（見込みを含む）〕

昭和55年10月	昭和58年4月	令和2年5月	令和2年10月
国民年金 未加入期間 30月	厚生年金保険 被保険者期間 445月	厚生年金保険 被保険者期間 5月（加入見込み）	
20歳	22歳	59歳	60歳

（2）　妻Bさん（専業主婦）
　生年月日：昭和36年4月22日
　20歳からAさんと結婚するまでの期間は、国民年金に第1号被保険者として加入し、保険料を納付。30歳でAさんと結婚してから現在に至るまでの期間は、国民年金に第3号被保険者として加入。Aさんが加入している健康保険の被扶養者である。

※妻Bさんは、現在および将来においても、Aさんと同居し、生計維持関係にあるものとする。
※Aさんおよび妻Bさんは、現在および将来においても、公的年金制度における障害等級に該当する障害の状態にないものとする。
※上記以外の条件は考慮せず、各問に従うこと。

重要度 A

01 Mさんは、Aさんに対して、Aさんが60歳でX社を定年退職し、その後再就職等をしない場合における公的医療保険制度について説明した。Mさんが説明した以下の文章の空欄①〜③に入る語句の組合せとして最も適切なものは、次のうちどれか。

> 「Aさんの退職後の公的医療保険制度への加入方法の1つとして、現在加入している健康保険に任意継続被保険者として加入する方法があります。任意継続被保険者の資格取得の手続は、原則として退職日の翌日から（　①　）以内に行う必要があります。なお、任意継続被保険者として健康保険に加入できる期間は、最長で（　②　）です。また、任意継続被保険者として健康保険に加入する期間の保険料は（　③　）となります」

1) ①　14日　　②　2年間　　③　元の事業主と折半負担
2) ①　20日　　②　2年間　　③　全額自己負担
3) ①　14日　　②　1年間　　③　全額自己負担

重要度 B

02 Mさんは、Aさんに対して、雇用保険からの給付について説明した。Mさんの、Aさんに対する説明に関する次の記述のうち、最も適切なものはどれか。

1) 「Aさんは、継続雇用制度を利用して60歳以後もX社に継続勤務した場合、継続雇用期間中はその賃金の額にかかわらず、雇用保険から高年齢雇用継続基本給付金を受給することができます」
2) 「高年齢雇用継続基本給付金の額は、60歳到達時の賃金月額に所定の支給率を乗じて算出されます」
3) 「Aさんは、60歳でX社を定年退職した場合、所定の手続により、雇用保険から基本手当を受給することができます」

99

03 Mさんは、Aさんに対して、公的年金について説明した。Mさんの、Aさんに対する説明に関する次の記述のうち、最も適切なものはどれか。

1)「Aさんは、原則として61歳から報酬比例部分のみの特別支給の老齢厚生年金を、65歳から老齢基礎年金と老齢厚生年金を受給することができます」
2)「Aさんが老齢基礎年金の繰上げ支給の請求をした場合、老齢基礎年金の年金額は繰上げ1ヵ月当たり0.7%減額されます」
3)「Aさんが65歳以降に受給する老齢厚生年金には、妻Bさんが65歳になるまでの間、加給年金額が加算されます」

01 退職後の公的医療保険制度への加入方法の１つとして、現在加入している健康保険に**任意継続被保険者**として加入する方法がある。任意継続被保険者となれるのは、被保険者期間が資格喪失日の前日までに継続して２ヵ月以上ある場合で、任意継続被保険者の資格取得の手続きは、原則として退職日の翌日から**20日以内**に行う必要がある。

なお、任意継続被保険者として健康保険に加入できる期間は、**最長２年間**である。また、任意継続被保険者として健康保険に加入する期間の保険料は**全額自己負担**となる。

→ テキストp.31　**解答　2**

02　１）**高年齢雇用継続基本給付金**は、60歳以上65歳未満で、被保険者期間が５年以上の被保険者が、60歳以降の賃金が60歳時点に比べて**75％未満**となったときに給付される。

２）高年齢雇用継続基本給付金の額は、60歳到達時の賃金月額ではなく、60歳以降の**各月**の賃金月額の最大**15％**となる。

→ テキストp.34,35,36　**解答　3**

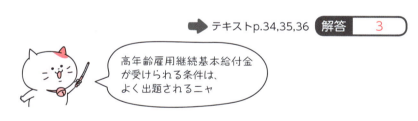

高年齢雇用継続基本給付金が受けられる条件は、よく出題されるニャ

03　１）Aさんの生年月日は昭和35年10月11日なので、64歳から**報酬比例部分**のみの**特別支給の老齢厚生年金**を、65歳から**老齢基礎年金**と**老齢厚生年金**を受給することができる。

２）**老齢基礎年金**の**繰上げ支給**の請求をした場合、老齢基礎年金の年金額は繰上げ１ヵ月当たり**0.5％減額**される。

→ テキストp.53,54,55,56,57　**解答　3**

次の設例に基づいて、下記の各問(04〜06)に答えなさい。

2019年9月・改

《設例》
　個人事業主のAさん(47歳)は、最近、老後の生活資金の準備について検討を始めたいと考えており、その前提として、自分の公的年金がどのくらい支給されるのか、知りたいと思うようになった。そこで、Aさんは、ファイナンシャル・プランナーのMさんに相談することにした。

〈Aさんに関する資料〉
　・1973年4月14日生まれ
　・公的年金の加入歴(見込み期間を含む)

2020年9月

国民年金		
保険料未納期間	保険料納付済期間	保険料納付予定期間
36月	293月	151月

(20歳)　　　　　　　　　　　　　　(47歳)　　　　　　　(60歳)

※上記以外の条件は考慮せず、各問に従うこと。

重要度 A

04 はじめにMさんは、《設例》の＜Aさんに関する資料＞に基づき、Aさんが老齢基礎年金を65歳から受給を開始した場合の年金額を試算した。Mさんが試算した老齢基礎年金の年金額の計算式として、次のうち最も適切なものはどれか。なお、老齢基礎年金の年金額は、2020年度価額に基づいて計算するものとする。

1） $781,700円 \times \dfrac{444月}{480月}$

2） $781,700円 \times \dfrac{444月 + 36月 \times 1/2}{480月}$

3） $781,700円 \times \dfrac{444月 + 36月 \times 1/3}{480月}$

実技試験

ライフプランニング

103

05 次に、Mさんは、国民年金基金について説明した。Mさんが、Aさんに対して説明した以下の文章の空欄①~③に入る語句または数値の組合せとして、次のうち最も適切なものはどれか。

> 「国民年金基金は国民年金の第一号被保険者を対象に老齢基礎年金に上乗せする年金を支給する任意加入の年金制度です。国民年金基金への加入は口数制となっており、1口目は、保証期間のある終身年金A型、保証期間のない終身年金B型の2種類のなかから選択し、（ ① ）歳から支給が開始されます。2口目以降は、終身年金のA型、B型および確定年金のⅠ型、Ⅱ型、Ⅲ型、Ⅳ型、Ⅴ型のなかから選択することができます。国民年金基金に拠出することができる掛金の限度額は、月額（ ② ）円となっており、支払った掛金は（ ③ ）控除として所得控除の対象となります。

1) ① 65 ② 68,000 ③ 社会保険料
2) ① 60 ② 70,000 ③ 社会保険料
3) ① 65 ② 70,000 ③ 小規模企業共済等掛金

06 最後にMさんは、国民年金の付加保険料について説明した。MさんのAさんに対する説明として、次のうち最も不適切なものはどれか。

1)「国民年金の定額保険料に加えて、月額400円の付加保険料を納付した場合、老齢基礎年金の受給時に付加年金を受給することができます」
2)「仮に、Aさんが付加保険料を120月納付し、65歳から老齢基礎年金を受け取る場合、老齢基礎年金の額に付加年金として48,000円が上乗せされます」
3)「Aさんが国民年金基金に加入した場合、Aさんは国民年金の付加保険料を納付することはできません」

04 老齢基礎年金の計算には、**保険料未納の期間は反映されない**。従って、293月＋151月の保険料を納めた場合、老齢基礎年金の額は、老齢基礎年金の満額×444月/480月となる。

→ テキストp.44　解答　**1**

05 国民年金基金の終身年金は、どちらも65歳から支給が開始される。ちなみに、A型は15年間の保証期間があり、B型には保証期間がない。掛金は、確定拠出年金と合算して、1か月あたり最大**68,000円**まで納付することができる。国民年金基金の掛金は、全額、**社会保険料控除の対象**となる。

→ テキストp.72　解答　**1**

06 1）付加年金は、老齢基礎年金の受給時に上乗せして受給することができる。従って、老齢基礎年金を繰上げ・繰下げ受給する場合は、付加年金も同様に繰上げ・繰下げされる。
2）付加年金の受給額は「**200円×付加保険料納付月数**」なので、付加保険料を120月納めた場合、上乗せされる付加年金の額は24,000円となる。
3）国民年金基金の掛金と付加保険料は、どちらか一方しか納めることができない。

→ テキストp.54　解答　**2**

下記の各問(07～08)について答えなさい。

重要度 A

07 ファイナンシャル・プランニング業務を行うに当たっては、関連業法を順守することが重要である。ファイナンシャル・プランナー(以下「FP」という)の行為に関する次の記述のうち、最も不適切なものはどれか。

1）弁護士資格を有していないFPが、顧客からの法律事務に関する業務依頼に備えるために、弁護士と顧問契約を締結した。
2）生命保険募集人資格を有していないFPが、顧客から相談を受け、顧客が死亡した場合における遺族の必要保障額を試算した。
3）税理士資格を有していないFPが、無料相談会において、相談者の持参した資料に基づいて、相談者が納付すべき所得税の具体的な税額計算を行った。

2018年1月／資産

重要度 A

08 下記は、細川家のキャッシュフロー表（一部抜粋）である。このキャッシュフロー表の空欄（ア）、（イ）にあてはまる数値の組み合わせとして、正しいものはどれか。なお、計算に当たっては、キャッシュフロー表中に記載の整数を使用し、計算結果は万円未満を四捨五入することとする。

実技試験
ライフプランニング

〈細川家のキャッシュフロー表〉 （単位：万円）

経過年数			現在	1年	2年	3年
西暦（年）			2020	2021	2022	2023
令和（年）			2	3	4	5
家族・年齢	細川　雄一	本人	51歳	52歳	53歳	54歳
	美子	妻	49歳	50歳	51歳	52歳
	太一	長男	17歳	18歳	19歳	20歳
	梨花	長女	16歳	17歳	18歳	19歳
ライフイベント		変動率	海外旅行		太一大学入学	梨花大学入学
収入	給与収入（夫）	－	628	628	628	628
	給与収入（妻）	－	90	90	90	90
	収入合計	－	718	718	718	718
支出	基本生活費	1％	306	309		
	住宅関連費	－	134	134	134	134
	教育費	－	110		200	
	保険料	－	52	52		
	一時的支出	－	120			
	その他支出	－	10			
	支出合計	－				741
年間収支		－		93		（ア）
金融資産残高		1％	483	（イ）		

※年齢は各年12月31日現在のものとし、令和2年を基準年とする。
※記載されている数値は正しいものとする。
※問題作成の都合上、一部空欄にしてある。

1）（ア）　▲23　　　（イ）　576
2）（ア）　▲23　　　（イ）　581
3）（ア）　　23　　　（イ）　576

2014年1月／資産・改

107

07 税理士資格を有していないFPは、有償・無償を問わず、個別具体的な税額計算を行ってはならない。

→ テキストp.16　解答　**3**

おさらいするニャ

FP業務と関連業法等の具体例

税理士法	税理士の資格がないFPは、有償・無償を問わず、顧客の代わりに**税務書類の作成**を行ったり、税務相談を受けたりしてはならない
弁護士法	弁護士資格がないFPは、法律に関する具体的な判断をしてはならない
金融商品取引法	投資助言、代理業、投資運用業を営もうとするFPは、金融商品取引業者としての**内閣総理大臣**の登録を受ける必要がある
保険業法	保険募集人の資格がないFPは、**保険商品の販売や勧誘**を行ってはならない

08 (ア) 年間収支＝収入合計－支出合計なので、718－741＝▲23
(イ) 金融資産残高＝前年の金融資産残高×(1＋変動率)±年間収支なので、
483×(1＋0.01)＋93＝581(万円未満四捨五入)

 テキストp.19 解答 2

キャッシュフロー表の「金融資産残高」が
マイナスになったら、借金をしないと生活
できないということになるニャ

キャッシュフロー表作成のポイント

①1月1日〜12月31日を「1年」とする
②家族の年齢は12月31日現在で記入
③収入欄には**可処分所得**を記入する

　　　　　年収－（社会保険料＋所得税＋住民税）

④支出欄には支出金額（基本生活費など）を記入する
⑤変動率とは、将来の変化の割合のこと。年収は昇給率、生活費は物価上昇率な
　ど。住宅ローンや保険料など将来の変動が大きくないものは、変動率ゼロとす
　る場合もある。金融資産残高の場合は、変動率＝運用率となる。α年後の金額
　＝現在の金額×（1＋変動率)$^{\alpha}$
⑥年間収支欄には、収入合計から支出合計を差し引いた金額を記入する
⑦金融資産残高欄には、**その年の金融資産残高**を記入する

　　　　　前年の金融資産残高 ×（1＋変動率）±年間収支

リスク管理

資産 保険

次の設例に基づいて、下記の各問（01〜03）に答えなさい。

2014年1月／保険・改

《設例》
　会社員のAさん（35歳）は、妻Bさん（30歳）と長男Cさん（0歳）との3人家族である。現在、Aさんは職場に来ている生命保険会社の担当者から生命保険の提案を受けており、加入するかどうか悩んでいる。
　そこで、Aさんは、知り合いであるファイナンシャル・プランナーのMさんに相談することにした。Aさんが提案を受けている生命保険の内容は、以下のとおりである。

〈Aさんの相談内容〉
・提案を受けている生命保険の保障内容について教えてほしい。
・提案を受けている生命保険の保険料に係る生命保険料控除について知りたい。
・提案を受けている生命保険以外の生命保険商品や生命保険に加入する際の留意点についてアドバイスしてほしい。

〈Aさんが提案を受けている生命保険の内容〉
保険の種類　　　　　　　　　　　　：定期保険特約付終身保険
契約者（＝保険料負担者）・被保険者　：Aさん
死亡保険金受取人　　　　　　　　　：妻Bさん

主契約および 付加されている特約の内容	保障金額	払込・保険期間
終身保険	100万円	65歳・終身
定期保険特約	2,600万円	10年
特定疾病保障定期保険特約	300万円	10年
傷害特約	500万円	10年
災害割増特約	500万円	10年
入院特約	1日目から日額5,000円	10年
先進医療特約	1,000万円	10年
リビング・ニーズ特約	—	—

※上記以外の条件は考慮せず、各問に従うこと。

重要度 **A**

01 はじめに、Mさんは、Aさんが提案を受けている生命保険の保障内容について説明した。Mさんが、Aさんに対して説明した以下の文章の空欄①〜③に入る語句の組合せとして、次のうち最も適切なものはどれか。なお、問題の性質上、明らかにできない部分は「□□□」で示してある。

> ⅰ）仮に、Aさんが保険期間中に病気により亡くなった場合、妻Bさんに支払われる死亡保険金の額は□□□万円です。一方、Aさんが不慮の事故で180日以内に亡くなった場合、妻Bさんに支払われる死亡保険金の額は、（　①　）となります。
>
> ⅱ）先進医療特約の支払対象となる先進医療の種類は、（　②　）現在において、公的医療保険制度の給付対象となっていない先進的な医療技術のうち、厚生労働大臣が定めるものとなっています。なお、先進医療ごとに厚生労働大臣が定める施設基準に適合する病院または診療所において行われるものに限られます。
>
> ⅲ）仮に、Aさんが余命（　③　）以内と判断された場合、リビング・ニーズ特約により、対象となる死亡保険金額の範囲内で特約に基づく保険金を生前に受け取ることができます。

1）①　3,500万円　　②　契約日　　　　③　6ヵ月
2）①　3,700万円　　②　契約日　　　　③　1年
3）①　4,000万円　　②　療養を受けた日　③　6ヵ月

重要度 **A**

02 次に、Mさんは、Aさんが提案を受けている生命保険の保険料に係る生命保険料控除について説明した。Mさんの、Aさんに対する説明として、次のうち最も適切なものはどれか。

1）「生命保険料控除は、一般の生命保険料控除、介護医療保険料控除、個人年金保険料控除からなり、所得税の場合、各控除額の上限は5万円、各控除額の合計額の上限は15万円となっています」

2）「Aさんが提案を受けている生命保険について、終身保険、定期保険特約、特定疾病保障定期保険特約の保険料は、一般の生命保険料控除として生命保険料控除の対象となります」

3）「Aさんが提案を受けている生命保険について、傷害特約、災害割増

特約、入院特約、先進医療特約の保険料は、介護医療保険料控除として
生命保険料控除の対象となります」

重要度 B

03 最後に、Mさんは、Aさんが提案を受けている生命保険以外の生命保険商
品や生命保険に加入する際の留意点について説明した。Mさんの、Aさん
に対する説明として、次のうち最も適切なものはどれか。

1)「長男Cさんの教育資金を準備するための保険として、学資（こども）
保険があります。この保険は、保険期間満了時に満期祝金が支払われ、
万一、Aさんが保険期間中に亡くなられた場合は既払込保険料相当額の
死亡給付金が支払われます」

2)「妻Bさんの入院保障を準備するための保険として、終身医療保険が
あります。この保険は、病気やケガによる入院や所定の手術を受けた場
合の保障が一生涯続き、保障内容を変更しなければ、主契約の保険料は
保険期間の途中で上がることはありません」

3)「保険契約の締結後に交付される『契約概要』や『注意喚起情報』は必ず
お読みください。これらは、消費者契約法により生命保険募集人に契約
者に対して交付が義務付けられている書面で、保障内容や解約返戻金の
有無などの重要事項が記載されています」

解説

01 Aさんが病気で亡くなった場合の死亡保険金額は、**終身保険**100万円＋**定期保険**特約2,600万円＋特定疾病保障定期保険特約300万円の合計3,000万円である。不慮の事故で180日以内に亡くなった場合には、**傷害特約**500万円と**災害割増特約**500万円も上乗せされるため、合計4,000万円となる。
また、**リビング・ニーズ特約**は、余命**6ヵ月**以内と判断された場合に、対象となる死亡保険金額の範囲内で特約に基づく保険金を生前に受け取ることができるものであり、特約保険料は必要ない。

→ テキストp.109,118　解答　**3**

02 1）**生命保険料控除**は、一般の生命保険料控除、介護医療保険料控除、個人年金保険料控除からなり、所得税の場合、**各控除の上限は4万円**、各控除額の合計額の上限は12万円である。
3）介護医療保険料控除の対象は、入院・通院等に伴う給付部分の保険料なので、入院特約や先進医療特約は対象となるが、傷害特約、災害割増特約は対象とならない。

→ テキストp.121　解答　**2**

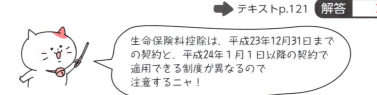

生命保険料控除は、平成23年12月31日までの契約と、平成24年1月1日以降の契約で適用できる制度が異なるので注意するニャ！

03 1）**学資（こども）保険**で保険期間中に契約者が死亡した場合は、**その後の保険料払込が免除**される。
3）「契約概要」や「注意喚起情報」は、金融庁の「保険会社向けの総合的な監督指針」により交付が義務付けられているものである。

→ テキストp.116　解答　**2**

下記の各問（04～06）について答えなさい。

重要度 A

04 鶴見一郎さんが加入している生命保険（下記＜資料＞参照）の保障内容に関する次の記述の空欄（ア）にあてはまる金額として、正しいものはどれか。なお、保険契約は有効に継続しているものとし、特約は自動更新されているものとする。また、一郎さんはこれまでに＜資料＞の保険から保険金および給付金を一度も受取っていないものとする。

〈資料〉

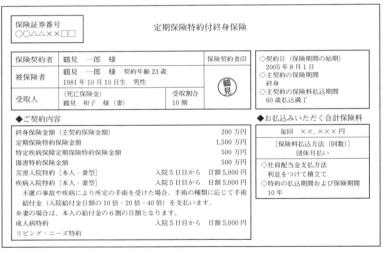

鶴見一郎さんが、2020年中にぜんそく発作で死亡（急死）した場合に支払われる死亡保険金は、合計（　ア　）である。

1）1,700万円
2）2,000万円
3）2,200万円

2019年1月／資産

重要度 A

05 幸広さんと妻の沙織さんが加入している生命保険は下表のとおりである。下表の契約A～Cについて、保険金・給付金が支払われた場合の課税関係に関する次の記述のうち、正しいものはどれか。

	保険種類	保険料払込方法	保険契約者（保険料負担者）	被保険者	死亡保険金受取人	満期保険金受取人
契約A	終身保険	月払い	幸広	幸広	沙織	ー
契約B	医療保険	月払い	沙織	沙織	ー	ー
契約C	養老保険	月払い	幸広	健太	沙織	沙織

1) 契約Aについて、沙織さんが受け取った死亡保険金は、相続税の課税対象となる。
2) 契約Bについて、沙織さんが受け取った入院給付金は、雑所得として所得税・住民税の課税対象となる。
3) 契約Cについて、沙織さんが受け取った満期保険金は、一時所得として所得税・住民税の課税対象となる。

2018年1月／資産・改

重要度 A

06 吉田徹さんが契約している普通傷害保険の内容は、下記＜資料＞のとおりである。次の記述のうち、保険金の支払い対象とならないものはどれか。なお、いずれも保険期間中に発生したものであり、該当者は、徹さんである。また、＜資料＞に記載のない事項については一切考慮しないこととする。

〈資料〉

保険種類	普通傷害保険
保険期間	1年間
保険契約者	吉田 徹
被保険者	吉田 徹
死亡・後遺障害保険金額	3,000万円
入院保険金日額	5,000円
通院保険金日額	2,000円

※特約は付帯されていない。

1) 外出先で食べた弁当が原因で細菌性食中毒にかかり、入院した場合。
2) 休日にスキーで滑走中に、足を骨折して入院した場合。
3) 業務中に指をドアに挟み、ケガをして通院した場合。

2020年1月／資産

解説

04 鶴見一郎さんが、ぜんそく発作(疾病)によって死亡(急死)した場合に支払われる死亡保険金額は、終身保険200万円＋定期保険特約1,500万円＋特定疾病保障定期保険特約500万円＝**2,200万円**である。

➡ テキストp.107,114,116　解答 **3**

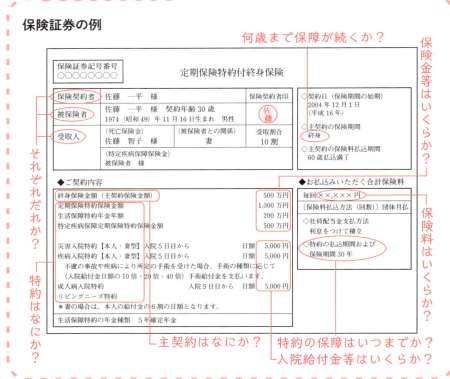

05 　2）入院給付金は、非課税である。
　　　3）保険契約者(保険料負担者)と満期保険金受取人が異なるので、贈与税の課税対象となる。

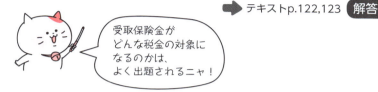

➡ テキストp.122,123　　解答　1

06 　細菌性食中毒や地震・噴火・津波を原因とした傷害は、**普通傷害保険**の給付対象にならない。

➡ テキストp.145,146　　解答　1

🐾 おさらいするニャ

保険金の課税関係

満期保険金・解約返戻金の課税関係

契約形態	一時金の場合	年金の場合
保険契約者＝受取人	**一時所得**として所得税・住民税	**雑所得**として所得税・住民税
保険契約者≠受取人	贈与税	年金の権利の価額に贈与税
金融類似商品	差益の20.315%が源泉分離課税	

死亡保険金の課税関係

保険契約者	被保険者	受取人	税金
A	A	B	相続税
A	B	A	所得税（一時所得）・住民税
A	B	C	贈与税

金融資産運用

個人 資産

次の設例に基づいて、下記の各問(01～03)に答えなさい。

2013年5月／個人

《設例》
　会社員のAさん(45歳)は、最近、各国の国債に関する報道等を目にする機会が増えたことから、あらためて日本の国債、特に個人向け国債について理解を深めたいと考えている。また、自身が保有している株式会社X社の社債の利回り等についても再確認したいと考えている。そこで、Aさんはファイナンシャル・プランナーに相談することにした。

〈Aさんが保有している社債に関する資料〉
　発行会社　　　　　　：株式会社X社
　業種　　　　　　　　：製造業
　購入価格　　　　　　：102円(額面100円当たり)
　現時点の売却可能価格：104円(額面100円当たり)
　表面利率　　　　　　：年1.2％
　利払日　　　　　　　：年2回(2月末日、8月末日)
　保有期間　　　　　　：4年(現時点で売却する場合)

※上記以外の条件は考慮せず、各問に従うこと。

重要度 B

01 個人向け国債についてファイナンシャル・プランナーが説明した以下の文章の空欄①～③に入る数値の組合せとして最も適切なものは、次のうちどれか。

　個人向け国債には変動10年、固定5年、固定3年の3種類がある。固定5年と固定3年は発行時に設定された利率が満期まで変わらない。変動10年は利率が半年ごとに変動するが、（　①　）％の最低利率が保証されている。

また、いずれも購入最低額面金額は（　②　）万円であり、原則として、発行から（　③　）年を経過すれば購入金額の一部または全部を中途換金することができる。

1）　①　0.05　　　②　1　　　③　1
2）　①　0.05　　　②　5　　　③　2
3）　①　0.1　　　②　5　　　③　1

重要度 **B**

02 債券投資についてファイナンシャル・プランナーが説明した次の記述のうち、最も適切なものはどれか。

1）　債券や債券の発行体の信用状態に関する評価の結果を記号等で示したものを信用格付といい、一般に、CCC（トリプルC）以上の格付が付されていれば投資適格債券とされる。
2）　一般に、信用リスクの高い発行体が発行する債券は、表面利率等の他の条件を同一とすれば、信用リスクの低い発行体が発行する債券に比べ債券価格は低く、利回りは高くなる。
3）　個人向け国債は比較的安全性が高い債券とされているが、購入の際には価格変動リスクや期限前償還リスクを十分に考慮する必要がある。

重要度 **A**

03 Aさんが《設例》の社債を現時点で売却した場合の所有期間利回り（年率・単利）として最も適切なものは、次のうちどれか。なお、計算にあたっては税金や手数料等を考慮せず、答は％表示における小数点以下第3位を四捨五入している。

1）　0.67％
2）　1.15％
3）　1.67％

解説

01 個人向け国債には変動10年、固定5年、固定3年の3種類があり、毎月発行されている。変動10年は利率が半年ごとに変動する。金利には、**0.05%** の最低利率が保証されている。

また、いずれも購入最低額面金額は**1万円**であり、原則として、発行から**1年**を経過すれば購入金額の一部または全部を中途換金することができる。ただし、中途換金する際には、直前2回分の利子（税引前）相当額×0.79685が差し引かれる。

➡ テキストp.177　解答　1

おさらいするニャ

個人向け国債の特徴

	変動金利10年	固定金利5年	固定金利3年
償還期限	10年	5年	3年
金利	変動（6ヵ月ごとに見直し）	固定	固定
発行頻度	毎月		
最低購入金額	1万円		
対象	個人のみ		
適用利率*	基準金利×0.66	基準金利−0.05%	基準金利−0.03%
中途換金	発行から**1年**経過後であれば、いつでも中途換金できる		
中途換金調整額**	直前2回分の利子（税引前）相当額×0.79685		

＊いずれも年率0.05%の最低金利保証がある。
＊＊中途換金の場合に差し引かれる換金手数料。またはペナルティに相当するもの。

02 1）投資適格債券とされるのは、**BBB（トリプルB）以上**の格付けの債券である。
3）個人向け国債は中途換金ができ、**元本も保証**されているので、価格変動リスクはない。

➡ テキストp.177,178,179　解答　2

個人向け国債は中途換金できるけど、そのほかの債券は、満期前に換金する場合は時価で売却することになるニャ！

おさらいするニャ

債券の格付け

	格付け	信用度	利回り	債券価格
投資適格債券	AAA	高	低	高
	AA			
	A			
	BBB			
投資不適格債券 （投機的債券）	BB			
	B			
	CCC			
	CC			
	C			
	D	低	高	低

＊スタンダード＆プアーズの場合。

実技試験
金融資産運用

03

$$所有期間利回り（\%）＝\cfrac{表面利率（\%）＋\cfrac{売却価格－買付価格}{所有期間（年）}}{買付価格}×100$$

で計算されるので、

$$所有期間利回り（\%）＝\cfrac{1.2＋\cfrac{104－102}{4}}{102}×100＝1.6666\cdots→1.67$$

➡ テキストp.180　解答　**3**

121

下記の各問(04〜06)について答えなさい。

重要度 A

04 下記〈資料〉に関する次の記述のうち、最も不適切なものはどれか。なお、この企業の株価は4,000円であるものとし、購入時の手数料および税金は考慮しないものとする。また、計算結果については、小数点以下第2位を四捨五入すること。

〈資料〉

(出所：東洋経済新報社「会社四季報」2017年第3集)

1) この企業の株を1単元(1単位)保有していた場合、2016年12月期における年間の配当金(税引前)は6,600円である。
2) 2016年12月期における1株当たりの利益は235.5円である。
3) 2017年12月期の予想PERは17.8倍である。

2018年1月／資産

05 重要度 B

投資信託は、運用対象や運用スタイルなどによって、下表のように分けることができる。下表に関する次の記述のうち、最も適切なものはどれか。なお、問題作成の都合上、一部を（＊＊＊＊＊）としている。

○運用対象	
公社債投資信託	（ア）
株式投資信託	（＊＊＊＊＊）
○追加設定の有無	
追加型（オープン型）	いつでも購入できるタイプ。
単位型（ユニット型）	購入は募集期間のみに限られるタイプ。
○運用スタイル	
パッシブ運用（インデックス運用）	（＊＊＊＊＊）
アクティブ運用	（イ）
○運用手法	
トップダウンアプローチ	（＊＊＊＊＊）
ボトムアップアプローチ	（ウ）

1) 空欄（ア）に入る説明：公社債を中心に運用され、株式の組入比率が25％未満の投資信託。
2) 空欄（イ）に入る説明：あらかじめ投資対象の目安となる指標（ベンチマーク）を決め、ベンチマーク以上の収益の獲得を目指す運用。
3) 空欄（ウ）に入る説明：経済環境などのマクロ的な分析によって国別組入比率や業種別組入比率などを決定し、その比率の範囲内で組み入れる銘柄を決めていく運用手法。

2013年5月／資産

06 重要度 A

下記〈資料〉は、福岡さんと杉田さんがQA銀行（日本国内に本店のある普通銀行）で保有している金融商品の時価の一覧表である。仮にQA銀行が破綻した場合、この時価に基づいて預金保険制度によって保護される金額に関する次の記述のうち、正しいものはどれか。

〈資料〉

	福岡さん	杉田さん
普通預金	700	180
定期預金	350	300
外貨預金	230	150
株式投資信託	150	300
個人向け国債	500	200

※福岡さんおよび杉田さんともに、QA銀行からの借入れはない。
※預金の利息については考慮しないこととする。
※普通預金は決済用預金ではない。

1) 福岡さんの金融商品のうち、保護される金額の合計は1,050万円である。
2) 福岡さんの金融商品のうち、保護される金額の合計は1,000万円である。
3) 杉田さんの金融商品のうち、保護される金額の合計は680万円である。

2019年1月／資産

04 2016年12月期における1株あたりの年間配当は130円であり、1単元(売買単位)は100株なので、この企業の株式を1単元保有していた場合の年間配当金(税引前)は、130円×100株＝13,000円である。

➡ テキストp.193　解答　**1**

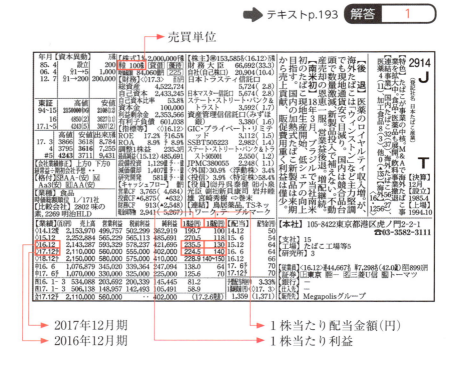

05 1）**公社債投資信託**の運用には株式を組み入れることはできない。

3）**ボトムアップ・アプローチ**は、銘柄選択を重視して、個別企業の調査や分析から投資判断をし、それを積み上げてポートフォリオを構築する方法である。選択肢3は、トップダウン・アプローチの説明である。

➡ テキストp.186　解答　**2**

06 預金保険制度では、原則として、1金融機関1名義あたり合算して元本1,000万円までとその利息が保護の対象となる（本問では、設問の指示により利息は考慮しない）。決済用預金は全額保護される。外貨預金や株式投資信託、個人向け国債は、預金保険制度の保護の対象外である。

したがって、福岡さんの金融商品のうち、預金保険制度で保護されるのは、普通預金と定期預金を合算して1,000万円までである。

また、杉田さんの金融商品のうち、預金保険制度で保護されるのは、普通預金と定期預金を合算した480万円である。

➡ テキストp.161　解答　**2**

決済用預金（当座預金、利息の付かない普通預金など）は、全額保護されることも覚えておくニャ！

タックスプランニング

個人 保険 資産

次の設例に基づいて、下記の各問(01〜03)に答えなさい。

2014年1月／個人・改

《設例》
　会社員のAさん(60歳)は、令和2年12月末に、これまで勤務していたX社を勤続40年9ヵ月で退職し、退職金を受け取った。Aさんは再就職をする予定はなく、今後は趣味を楽しみながら暮らす予定である。また、Aさんには、令和2年中に医療費の支出および上場株式の譲渡損失がある。
　Aさんの令和2年分の収入等の状況等は、以下のとおりである。

〈Aさんの令和2年分の収入等の状況〉
・退職金の額　　　　　　　　　　：2,600万円
・給与収入の金額　　　　　　　　：1,200万円
・上場株式の譲渡損失の金額　　　：　100万円
・医療費の支出額　　　　　　　　：　 25万円

〈Aさんの家族構成〉
・妻Bさん(58歳)　　　　　　　　：令和2年中に収入はない。

※妻Bさんは、Aさんと同居し、生計を一にしている。
※Aさんの退職は、障害者になったことが直接の原因ではない。
※上記以外の条件は考慮せず、各問に従うこと。

重要度 B

01 所得税の計算等に関する以下の文章の空欄①〜③に入る語句の組合せとして最も適切なものは、次のうちどれか。

　i ）総所得金額、退職所得金額または山林所得金額を計算する場合において、不動産所得、事業所得、山林所得、（　①　）所得の金額の計算上生じた損失の金額（一部対象とならないものがある）があるときは、一定の順序に従って、他の所得の金額から控除することができる。

ⅱ）Aさんが退職により受け取った退職金は、退職所得として（　②　）の
対象となり、退職の際に「退職所得の受給に関する申告書」を提出してい
る場合は、原則として、確定申告の必要はない。

ⅲ）Aさんが、Aさんまたは妻Bさんのために一定の医療費を支払った場
合、所定の要件のもと、医療費控除として一定の金額の（　③　）を受け
ることができる。

1 ）　①　譲渡　　　　②　総合課税　　　　③　税額控除
2 ）　①　譲渡　　　　②　分離課税　　　　③　所得控除
3 ）　①　配当　　　　②　分離課税　　　　③　税額控除

重要度 A

02 AさんがX社から受け取った退職金に係る退職所得の金額は、次のうちど
れか。

1 ）　〔2,600万円 －｛800万円 ＋70万円 ×（41年 －20年）｝〕×1/2＝165万円
2 ）　（2,600万円 －40万円 ×41年）×1/2＝480万円
3 ）　2,600万円 －40万円 ×41年 ＝960万円

重要度 A

03 Aさんの令和２年分の総所得金額は、次のうちどれか。

1 ）　　890万円
2 ）　1,005万円
3 ）　1,200万円

〈資料〉　給与所得控除額

給与等の収入金額	給与所得控除額
162.5万円以下	55万円
162.5万円超180万円以下	その収入金額×40％ －10万円
180万円超360万円以下	その収入金額×30％ ＋ 8 万円
360万円超660万円以下	その収入金額×20％ ＋44万円
660万円超850万円以下	その収入金額×10％ ＋110万円
850万円超	195万円

解説

01 ⅰ）赤字があった所得を他の黒字の所得から差し引くことを損益通算という。損益通算ができるのは、**不動産所得**、**事業所得**、**山林所得**、**譲渡所得**であるが、その中でも一部損益通算の対象とならない損失もある。

〈損益通算の対象とならない損失〉
- 不動産所得の損失のうち、土地取得のための借入金の利子
- 譲渡所得の損失のうち、土地・建物の譲渡による損失（一定の居住用財産は除く）
- 譲渡所得の損失のうち、株式等の譲渡による損失
- 譲渡所得の損失のうち、生活に通常必要でない資産の譲渡損失

ⅱ）退職金は、退職所得として**分離課税**の対象となり、退職の際に「退職所得の受給に関する申告書」を提出している場合は、源泉徴収だけで所得税の課税関係（分離課税）が終了するので、原則として確定申告の必要はない。

ⅲ）納税者本人または同一生計の親族等の医療費を支払った場合、一定額以上は**医療費控除**として**所得控除**を受けることができる。

・控除額（最高200万円）＝（医療費の支出額－保険金等の補てん額）
　　　　　　　　　　　－10万円※

※総所得金額等が200万円未満の場合は、総所得金額等×5％

➡ テキストp.236,248,249,263　解答　2

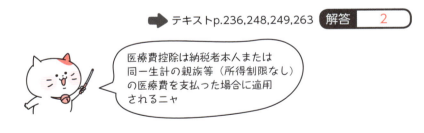

02 勤続年数が20年超の場合の**退職所得控除額**は、「800万円＋70万円×（勤続年数－20年）」で求められ、**退職所得の金額**は、「（収入金額－退職所得控除額）×1/2」で求められる。

➡ テキストp.236,237　解答　1

おさらいするニャ

退職所得の計算

退職所得の金額＝（収入金額－退職所得控除額）×1/2

＊平成25年分より、勤続5年以下の役員等についての2分の1課税は廃止された。

退職所得控除額の速算表

勤続年数	退職所得控除額
20年以下	40万円×勤続年数（最低80万円）
20年超	70万円×（勤続年数－20年）＋800万円

＊勤続年数の端数は切上げ。　例：15年8ヵ月→16年
＊＊障害者になったことが原因で退職する場合、100万円が加算される。

03 給与所得控除額：195万円

給与所得金額＝1,200万円－195万円＝1,005万円

退職所得は分離課税のため、**総所得金額**は、1,005万円となる。

➡ テキストp.234,235,236,247　解答　2

おさらいするニャ

給与所得の計算式

給与所得の金額＝収入金額（給与収入）－給与所得控除額

次の設例に基づいて、下記の各問(04〜06)に答えなさい。

2014年9月／保険・改

《設例》
　会社員のAさんは、妻Bさん、長男Cさんおよび長女Dさんとの4人家族である。Aさんは、住宅ローンを利用して令和2年6月に新築の戸建住宅を取得し、同月中に入居した。また、Aさんは、令和2年4月に、加入していた一時払変額個人年金保険の解約返戻金を受け取った。
　なお、Aさんは、老後の生活資金を準備するため、確定拠出年金の個人型年金に加入し、掛金を支払っている。
　Aさんの令和2年分の収入等に関する資料は、以下のとおりである。

〈Aさんの家族構成〉
　Aさん　　　（42歳）：会社員
　妻Bさん　　（40歳）：令和2年中に、パートにより給与収入120万円を得ている。
　長男Cさん（17歳）：高校生。令和2年中の収入はない。
　長女Dさん（15歳）：中学生。令和2年中の収入はない。
〈Aさんの令和2年分の給与所得の金額に関する資料〉
　給与所得の金額　　：875万円
〈Aさんが令和2年4月に解約した一時払変額個人年金保険に関する資料〉
　保険の種類　　　　　　　：一時払変額個人年金保険
　契約年月日　　　　　　　：平成17年8月1日
　契約者（＝保険料負担者）：Aさん
　解約返戻金額　　　　　　：600万円
　正味払込保険料　　　　　：500万円
〈Aさんが利用した住宅ローンに関する資料〉
　借入年月日　　　　　　　：令和2年6月1日
　令和2年12月末の借入金残高：3,800万円
　※住宅借入金等特別控除の適用要件は、すべて満たしているものとする。

〈Aさんが令和2年中に支払った確定拠出年金の個人型年金の掛金に関する
資料〉

掛金総額 ： 12万円

※妻Bさん、長男Cさんおよび長女Dさんは、Aさんと同居し、生計を一にしている。
※家族は、いずれも障害者および特別障害者に該当しない。
※家族の年齢は、いずれも令和2年12月31日現在のものである。
※上記以外の条件は考慮せず、各問に従うこと。

重要度 A

04 Aさんの令和2年分の所得税における所得控除に関する以下の文章の空欄
①～③に入る語句の組合せとして、次のうち最も適切なものはどれか。

> ⅰ）Aさんが支払った確定拠出年金の個人型年金の掛金は、全額が
> （　①　）の対象となる。
> ⅱ）妻Bさんの給与収入は120万円であるため、Aさんは、Bさんに係る
> （　②　）の適用を受けることができる。
> ⅲ）Aさんが適用を受けることができる扶養控除額は、（　③　）である。

1）① 小規模企業共済等掛金控除 ② 配偶者特別控除 ③ 38万円
2）① 小規模企業共済等掛金控除 ② 配偶者控除 ③ 63万円
3）① 社会保険料控除 ② 配偶者特別控除 ③ 76万円

重要度 B

05 Aさんの令和2年分の所得税における総所得金額は、次のうちどれか。

1） 875万円
2） 900万円
3） 925万円

06 Aさんに係る所得税における住宅借入金等特別控除(以下、「本控除」という)に関する次の記述のうち、最も適切なものはどれか。

1) Aさんは、必要な書類を勤務先に提出することにより、令和2年分の所得税において、年末調整により本控除の適用を受けることができる。
2) Aさんが本控除の適用を受けることができる期間は、Aさんが新築の戸建住宅を自己の居住の用に供した年から最長で15年間である。
3) Aさんが本控除の適用を受けた場合の各年分の控除額の計算上、住宅借入金の年末残高に乗じる控除率は10年目までは一律1.0%である。

04 ⅰ）確定拠出年金の個人型年金の掛金は全額**小規模企業共済等掛金控除**の対象となる。

ⅱ）納税者本人の合計所得金額が1,000万円以下で、配偶者の合計所得金額が48万円超133万円以下の場合は、**配偶者特別控除**の対象となる。
妻Bさんの給与所得の金額は、120万円－55万円＝65万円

ⅲ）長男Cさんが一般の**扶養親族**（16歳以上19歳未満）に該当するので38万円の扶養控除がある。

➡ テキストp.259,260,262,263　解答　1

16歳未満は扶養控除の対象外なので、15歳の長女Dさんの扶養控除はないニャ

05 給与所得　：875万円
一時所得　：600万円－500万円－50万円＝50万円
総所得金額：875万円＋50万円×1/2　＝900万円

➡ テキストp.234,240,247　解答　2

1/2かけるのを忘れないニャ

おさらいするニャ

一時所得の計算式

一時所得の金額＝総収入金額－その収入を得るために支出した金額
　　　　　　　－特別控除額（最高50万円）

06 1）**住宅借入金等特別控除**を受ける**最初の年分は、会社員であっても確定申告**をする必要がある。２年目以降は、**年末調整**で控除の適用を受けることができる。

2）令和２年12月31日までに居住の用に供した場合、住宅借入金等特別控除の適用を受けられる期間は、最長で**13年間**である。

➡ テキストp.273,274　解答　**3**

⎯⎯⎯ おさらいするニャ

住宅借入金等特別控除を受けるためのおもな要件

・控除を受ける年の合計所得金額が**3,000万円**以下であること

・住宅取得の日から**6ヵ月**以内に入居し、適用を受ける各年の年末まで引き続き居住していること

・返済期間**10年以上**の住宅ローンであること*

・金融機関（地方公共団体、勤務先等含む）からの借入金であること（親族からの借入金は除く）

・床面積が**50㎡以上**で、そのうち1/2以上が居住用であることなど

＊勤務先からの借入金の場合、金利0.2％以上。

下記の各問(07〜09)について答えなさい。

07 桑原さんは、個人で飲食店を経営している青色申告者である。桑原さんの2020年分の所得および所得控除が下記〈資料〉のとおりである場合、桑原さんの2020年分の所得税額として、正しいものはどれか。なお、桑原さんに〈資料〉以外の所得はなく、復興特別所得税や税額控除、源泉徴収税額や予定納税等については一切考慮しないこととする。

〈資料〉

[2020年分の所得]
事業所得の金額　　　1,200万円
※必要経費や青色申告特別控除額を控除した後の金額である。

[2020年分の所得控除]
所得控除の合計額　　　250万円

〈課税総所得金額に対する所得税の計算方法〉
課税総所得金額×所得税率−控除額

〈所得税の速算表〉

課税される所得金額	税率	控除額
1,000円から　1,949,000円まで	5％	0円
1,950,000円から　3,299,000円まで	10％	97,500円
3,300,000円から　6,949,000円まで	20％	427,500円
6,950,000円から　8,999,000円まで	23％	636,000円
9,000,000円から　17,999,000円まで	33％	1,536,000円
18,000,000円から　39,999,000円まで	40％	2,796,000円
40,000,000円以上	45％	4,796,000円

（注）課税される所得金額の1,000円未満の端数は切捨て

1）3,135,000円
2）2,424,000円
3）1,5990,00円

2018年9月／資産・改

08 所得税における医療費控除に関する次の記述(ア)～(ウ)にあてはまる語句の組み合わせとして正しいものはどれか。

・医療費控除の金額は以下のとおり計算される。
「実際に支払った医療費の金額の合計額－保険金等で補てんされる金額－（ ア ）」
ただし、納税者本人のその年の総所得金額等が200万円未満の場合は（ ア ）ではなく、総所得金額等の（ イ ）相当額となる。
・医療費控除の金額の上限は（ ウ ）である。

1）（ア） 5万円　　（イ） 10％　　（ウ） 200万円
2）（ア） 10万円　　（イ） 5％　　（ウ） 100万円
3）（ア） 10万円　　（イ） 5％　　（ウ） 200万円

2019年1月／資産

09 下記の3人の会社員のうち、令和2年分の所得税において確定申告を行う必要がない人は誰か。なお、〈資料〉に記載のない条件については一切考慮しないこととする。

〈資料：3人に関するデータ（令和2年12月31日時点）〉

氏名	年齢	給与収入(年収)	勤務先	備考
大垣直樹	30歳	500万円	ＳＴ銀行	・勤務先の給与収入のみ。 ・勤務先で年末調整を受けている。 ・令和元年中に住宅を取得し、住宅借入金等特別控除の適用を受ける。
細川智行	35歳	750万円	ＳＫ広告会社	・勤務先の給与収入以外に一時所得の金額が10万円、雑所得の金額が5万円ある。 ・勤務先で年末調整を受けている。
谷口正志	42歳	2,800万円	ＳＰ商事	・勤務先の給与収入のみ。

※給与収入（年収）は令和2年分の金額である。

1）大垣直樹
2）細川智行
3）谷口正志

2014年9月／資産・改

07 課税総所得金額：12,000,000円－2,500,000円＝9,500,000円
所得税額　　　：　9,500,000円×33％－1,536,000円＝1,599,000円

→ テキストp.271,272　解答　3

08 医療費控除の金額は「実際に支払った医療費の金額の合計額－保険金等で補てんされる金額－10万円」で計算されるが、納税者本人のその年の総所得金額等が200万円未満の場合は「10万円」ではなく、総所得金額等の5％相当額となる。なお、医療費控除の金額の上限は200万円である。

→ テキストp.263　解答　3

09 1）令和2年中に住宅を取得し、住宅借入金等特別控除の適用を受けるので確定申告が必要である。
2）1ヵ所から給与の支払いを受けていて、年末調整を受けている給与所得者は、給与所得、退職所得以外の所得が20万円以下の場合は確定申告は不要である。
3）給与収入が2,000万円を超えている給与所得者は確定申告が必要である。

→ テキストp.277　解答　2

不動産

個人 資産

次の設例に基づいて、下記の各問(01〜03)に答えなさい。

2013年5月／個人

《設例》
　会社員のAさん(55歳)は、定年退職後の収入を確保する方法として、賃貸アパートの経営を検討している。Aさんは宅地建物取引業者から紹介を受けた下記のX土地を取得し、賃貸アパートを新築しようと考えており、賃貸アパートを経営するうえでの留意点を含め、ファイナンシャル・プランナーに相談することにした。
　Aさんが購入を予定しているX土地の概要は、以下のとおりである。

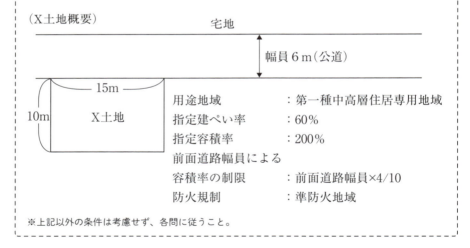

(X土地概要)

用途地域	：第一種中高層住居専用地域
指定建ぺい率	：60%
指定容積率	：200%
前面道路幅員による容積率の制限	：前面道路幅員×4/10
防火規制	：準防火地域

※上記以外の条件は考慮せず、各問に従うこと。

重要度 A

01 AさんがX土地を取得する際の「権利関係の調査」に係る留意点についてファイナンシャル・プランナーが説明した以下の文章の空欄①〜③に入る語句の組合せとして最も適切なものは、次のうちどれか。

「X土地の取得にあたっては、X土地の所在、地積、所有権者、および抵当権その他の権利の設定等について、法務局で（　①　）の交付を受け、

その記載事項の確認をすべきです。土地の売買契約にあたっては取引相手となる所有権者の確認が重要ですが、X土地の所有権に関する事項は（　①　）の（　②　）に記載されています。

　また、法務局で（　①　）のほかに（　③　）の写しを取得してX土地の位置、隣地との関係等についても確認する必要があります。ただし、（　③　）は、形状、面積が正確ではない場合もあるので、アパートの建築計画を精査する場合には地積測量図の写しも取得しておくことが望ましいでしょう」

1）①　登記事項証明書　　　②　権利部（甲区）　　　③　公図
2）①　固定資産評価証明書　②　権利部（甲区）　　　③　公図
3）①　登記事項証明書　　　②　表題部　　　　　　　③　都市計画図

重要度 A

02 AさんがX土地に賃貸アパートを新築する際の最大延べ面積は、次のうちどれか。

1）15m×10m×60％　＝　90㎡
2）15m×10m×200％＝300㎡
3）15m×10m×240％＝360㎡

重要度 B

03 Aさんが賃貸アパートを経営するうえでの留意点についてファイナンシャル・プランナーが説明した次の記述のうち、最も不適切なものはどれか。

1）AさんがX土地を取得後、賃貸アパートを建築し、自ら賃借人の募集、賃貸借契約の締結をする場合には、宅地建物取引業者の免許を受けなければならない。
2）契約の更新がないこととする旨を定める定期借家契約をする場合、公正証書等の書面によって行わなければならない。
3）定期借家契約で1年以上の契約期間を定めた場合、Aさんは期間満了の1年前から6ヵ月前までに賃貸借が終了する旨を賃借人に通知しなければならない。

解説

01
・X土地の取得の際は、土地の所在、地積、所有権者、および抵当権その他の権利の設定等について、法務局で**登記事項証明書**の交付を受け、その記載事項の確認をする。

・土地の売買契約の際には取引相手となる所有権者の確認が重要であるが、**土地の所有権に関する事項**は登記事項証明書の**権利部（甲区）**に記載されている。

・法務局で**公図**の写しを取得して土地の位置、隣地との関係等についても確認する必要がある。ただし、公図は、形状、面積が正確ではない場合もあるので、アパートの建築計画を精査する場合には地積測量図の写しも取得しておくことが望ましい。

➡ テキストp.289,290　**解答**　**1**

🍥 **おさらいするニャ**

登記記録の構成

表題部……**表示**に関する登記を記載（所在、地番、地積など）

権利部……**権利**に関する登記を記載

　甲区……所有権に関する記載（所有権保存登記、所有権移転登記、所有権に関する仮登記、差押え、仮処分など）

　乙区……所有権以外の権利を記載（抵当権設定、地上権設定、地役権設定など）

02 前面道路の幅員が**12m未満**の場合、延べ面積（容積率）は、都市計画で定められた指定容積率か、前面道路の幅員による容積率の制限のうち、**小さいほう**の制限を受ける。

前面道路の幅員による容積率の制限：6 m × 4/10 = 240％ ＞200％
したがって、最大延べ面積は、15m × 10m × 200％ = 300㎡

→ テキストp.317　解答　2

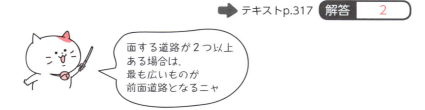

面する道路が2つ以上ある場合は、最も広いものが前面道路となるニャ

03　1）不適切。AさんがX土地を取得後、賃貸アパートを建築し、自ら賃借人の募集、賃貸借契約の締結をする場合には、**宅地建物取引業者**の免許を受ける必要はない。

→ テキストp.294,304,305　解答　1

下記の各問(04〜05)について答えなさい。

重要度 A

04 建築基準法に従い、下記〈資料〉の土地に建築物を建築する場合、この土地に対する建築物の建築面積の最高限度として、正しいものはどれか。なお、記載のない条件については一切考慮しないこととする。

〈資料〉

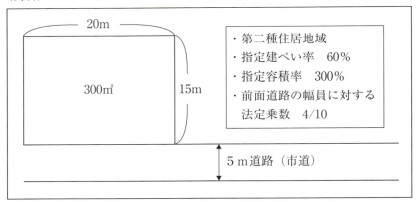

1) 180㎡
2) 600㎡
3) 900㎡

2015年1月／資産

05 建築基準法に従い、下記〈資料〉の土地に建築物を建築する場合の延べ面積（床面積の合計）の最高限度として、正しいものはどれか。なお、記載のない条件については一切考慮しないこととする。

〈資料〉

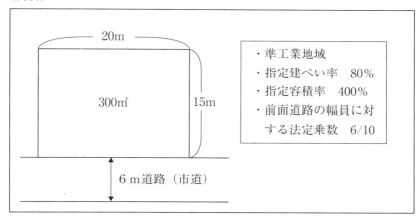

1) $300 \times 0.8 = 240 (㎡)$
2) $300 \times 6 \times 6 / 10 = 1,080 (㎡)$
3) $300 \times 4.0 = 1,200 (㎡)$

04 建築面積の最高限度は、指定建ぺい率より、
　　　300㎡×60％＝180㎡

テキストp.316　解答　1

🐾 おさらいするニャ

建ぺい率の計算式

建ぺい率（％）＝ $\dfrac{建築物の建築面積}{敷地面積}$ ×100

05 延べ面積（容積率）は都市計画で定められた指定容積率と、前面道路の幅員による容積率の制限のうち、**小さいほう**の制限を受ける。

前面道路の幅員による容積率の制限：$6 \times 6 / 10 = 360\% < 400\%$

したがって、最大延べ面積は、$300 \times 6 \times 6 / 10 = 1,080（\text{m}^2）$

➡ テキストp.317　解答　2

実技試験

不動産

── **お さ ら い す る ニ ャ**

容積率の計算式

$$容積率（\%）= \frac{建築物の延べ面積}{敷地面積} \times 100$$

前面道路の幅員が12m未満の場合の容積率

次の①、②のうち、小さいほうを容積率とする

①都市計画で定められた指定容積率

②前面道路の幅員による容積率の制限

住居系用途地域……前面道路の幅員 $\times \dfrac{4}{10}$

その他の用途地域…前面道路の幅員 $\times \dfrac{6}{10}$

145

相続・事業承継

個人 保険 資産

次の設例に基づいて、下記の各問(01〜03)に答えなさい。

2015年5月／個人・改

《設例》
　Aさんは、妻Bさんと長男Cさん夫婦との4人暮らしである。Aさんは、長男Cさんが飲食店を新規開業する予定であることから、長男Cさんに対して新規開業資金として現金を贈与し、あわせて長女Dさんに対しても、現金を贈与することを考えている。
　Aさんの親族関係図等は、以下のとおりである。

〈Aさんの親族関係図〉

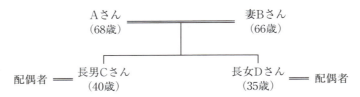

〈Aさんが令和2年中に行うことを予定している贈与の内容〉
　・長男Cさんに対して、現金3,000万円を贈与する予定である。
　・長女Dさんに対して、現金500万円を贈与する予定である。

※上記以外の条件は考慮せず、各問に従うこと。

重要度 B

01 長男CさんがAさんから受けた現金の贈与について相続時精算課税を選択した場合に関する次の記述のうち、最も不適切なものはどれか。

1）Aさんから受ける贈与について相続時精算課税を選択した年分以後にCさんがAさんから受ける贈与については、暦年課税を選択することができない。

2）Aさんから受ける贈与について相続時精算課税を選択した年分以後にCさんがBさんから受ける贈与については、相続時精算課税を選択することができない。

3）Aさんの相続が開始した場合、相続時精算課税に係る贈与によって取得した財産は、相続税の課税価格に加算される。

実技試験

相続・事業承継

重要度 A

02 長男Cさんが、令和２年中にAさんから現金3,000万円の贈与を受け、この贈与について相続時精算課税を選択した場合の長男Cさんの令和２年分の贈与税額は、次のうちどれか。なお、長男Cさんは、この贈与以外に過去および令和２年中に財産の贈与を受けていないものとする。

1）（3,000万円－2,500万円）×10％＝ 50万円

2）（3,000万円－2,500万円）×20％＝100万円

3）（3,000万円－2,000万円）×20％＝200万円

重要度 A

03 長女DさんがAさんから受けた現金の贈与について暦年課税を選択した場合に関する次の記述のうち、最も適切なものはどれか。

1）暦年課税における贈与税の基礎控除額は、130万円である。

2）仮に、Dさんが同一年中にBさんからも贈与を受け、暦年課税により贈与税額を算出する場合、それぞれの贈与者からの贈与財産の価額ごとに基礎控除額を控除する。

3）贈与税の申告書の提出期限は、原則として贈与を受けた年の翌年２月１日から３月15日までである。

147

解説

01 いったん、**相続時精算課税**を選択すると、その贈与者から受ける贈与には**暦年課税**を選択することはできないが、異なる贈与者からの贈与ならば、暦年課税を選択できる。

➡ テキストp.356,408 　解答　**2**

相続時精算課税制度では、贈与する人ごとに2,500万円までが贈与税非課税となるんだニャ

02 **相続時精算課税制度**の**特別控除額**は**2,500万円**で、2,500万円を超える部分については、**一律20％**を乗じて贈与税額を計算する。したがって、
（3,000万円－2,500万円）×20％＝100万円

➡ テキストp.356 　解答　**2**

おさらいするニャ

相続時精算課税制度のポイント
・税務署への届出が必要……適用に関わる最初の贈与を受けた年の**翌年２月１日から３月15日**までに「相続時精算課税選択届出書」を添付の上、贈与税の申告書を住所地の税務署長に提出する
・贈与者、受贈者ともに制限がある
　　贈与者……贈与があった年の１月１日時点で**60歳**以上の父母・祖父母であること
　　受贈者……贈与があった年の１月１日時点で**20歳**以上の推定相続人である子・孫であること
・贈与額が**2,500万円**（特別控除額）になるまで課税されない
　　2,500万円を超える部分については、一律**20％**の税率で課税される

03 1）**暦年課税**における**贈与税**の**基礎控除額**は、**110万円**である。
2）仮に、Dさんが同一年中にBさんからも贈与を受け、暦年課税により贈与税額を算出する場合には、贈与された金額を合算して基礎控除額を控除する。

➡ テキストp.354,355,359　解答　**3**

贈与税の計算

贈与税＝（課税価格＊－基礎控除額）×税率－控除額

＊本来の贈与税財産＋みなし贈与財産－非課税財産

贈与税の速算表

控除後の課税価格	一般税率		特例税率	
	税率	控除額	税率	控除額
200万円以下	10%	0万円	10%	0万円
200万円超　300万円以下	15%	10万円	15%	10万円
300万円超　400万円以下	20%	25万円	15%	10万円
400万円超　600万円以下	30%	65万円	20%	30万円
600万円超　1,000万円以下	40%	125万円	30%	90万円
1,000万円超　1,500万円以下	45%	175万円	40%	190万円
1,500万円超　3,000万円以下	50%	250万円	45%	265万円
3,000万円超　4,500万円以下	55%	400万円	50%	415万円
4,500万円超	55%	400万円	55%	640万円

※実際の試験では、速算表が与えられます。

次の設例に基づいて、下記の各問(04〜06)に答えなさい。

2015年5月／保険・改

《設例》
　不動産業を営んでいたAさんは、令和2年5月に病気により63歳で死亡した。Aさんの相続人は妻Bさん(60歳)、長女Cさん(30歳)および養子Dさん(28歳)の3人である。
　妻Bさんは、平成27年1月1日以後の相続から、相続税額の計算上、「遺産に係る基礎控除額」が変更されたことを聞き、Aさんの相続に係る諸手続を含めて知りたいと思っている。
　Aさんの親族関係図は、以下のとおりである。なお、Aさんの令和2年1月1日から死亡した日までの不動産所得の金額は200万円である。また、養子Dさんは、Aさんの普通養子である。

〈Aさんの親族関係図〉

※上記以外の条件は考慮せず、各問に従うこと。

重要度 B

04 Aさんの相続に係る諸手続に関する以下の文章の空欄①〜③に入る語句の組合せとして、次のうち最も適切なものはどれか。

> ⅰ）Aさんの相続人がAさんの相続について「相続の放棄」または「限定承認」をする場合は、原則として、自己のために相続の開始があったことを知った時から3ヵ月以内に、その旨を（　①　）に申述しなければならない。

ⅱ）Aさんの相続人は、原則として、相続の開始があったことを知った日の翌日から（　②　）以内に、令和2年1月1日から死亡した日までのAさんの所得金額に係る所得税の確定申告書を提出しなければならない。

ⅲ）Aさんの相続に係る相続税の申告書の提出義務がある者は、原則として、相続の開始があったことを知った日の翌日から（　③　）以内に、相続税の申告書を提出しなければならない。

1）①　家庭裁判所　　　②　4ヵ月　　　③　10ヵ月
2）①　所轄税務署長　　②　6ヵ月　　　③　10ヵ月
3）①　家庭裁判所　　　②　6ヵ月　　　③　12ヵ月

05　Aさんの相続における法定相続分の組合せとして、次のうち最も適切なものはどれか。

1）妻Bさん：1/2　　　長女Cさん：1/4　　　養子Dさん：1/4
2）妻Bさん：1/2　　　長女Cさん：1/3　　　養子Dさん：1/6
3）妻Bさん：2/3　　　長女Cさん：1/6　　　養子Dさん：1/6

06　Aさんの相続に係る相続税額の計算上の「遺産に係る基礎控除額」は、次のうちどれか。

1）4,000万円
2）4,800万円
3）8,000万円

04 相続開始後の手続きと期限は下記のとおり。

手続き	期　限	手続き先
ⅰ）相続の放棄 限定承認	相続の開始があったことを知った日から3ヵ月以内	家庭裁判所
ⅱ）準確定申告	相続の開始があったことを知った日の翌日から4ヵ月以内	被相続人の死亡時における住所地の税務署
ⅲ）相続税の 申告	相続の開始があったことを知った日の翌日から10ヵ月以内	被相続人の死亡時における住所地の税務署

➡ テキストp.277,372,394　解答　1

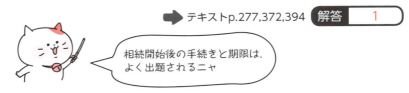

相続開始後の手続きと期限は、よく出題されるニャ

05 実子と養子の法定相続分は同じなので、Cさん、Dさんの法定相続分はそれぞれ
1/2×1/2＝1/4となる。

➡ テキストp.364,365,366　解答　1

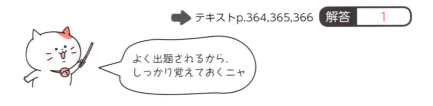

よく出題されるから、しっかり覚えておくニャ

06 基礎控除額は「3,000万円＋600万円×法定相続人の数」で、法定相続人は3人なので、
3,000万円＋600万円×3人＝4,800万円となる。

➡ テキストp.390　解答　2

07 令和2年5月2日に相続が開始された鶴見正太郎さん（被相続人）の〈親族関係図〉が下記のとおりである場合、民法上の相続人に関する次の記述のうち、正しいものはどれか。なお、記載のない条件については一切考慮しないこととする。

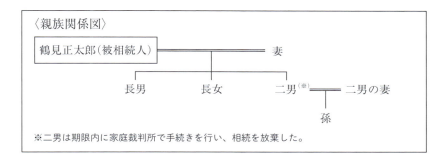

1) 相続人は、妻、長男、長女である。
2) 相続人は、妻、長男、長女、孫である。
3) 相続人は、妻、長男、長女、二男、孫である。

2014年5月／資産・改

08 下記〈資料〉の宅地の借地権（普通借地）について、路線価方式による相続税評価額として、正しいものはどれか。なお、奥行価格補正率は1.0である。また、記載のない条件については一切考慮しないこととする。

〈資料〉

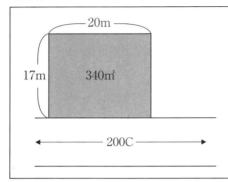

記号	借地権割合
A	90%
B	80%
C	70%
D	60%
E	50%
F	40%
G	30%

［借地権割合］

1) 68,000千円
2) 47,600千円
3) 20,400千円

2013年5月／資産

09 相続税の申告に関する次の記述の空欄（ア）～（ウ）にあてはまる数値の組み合わせとして、正しいものはどれか。

> 被相続人の課税価格の合計額が、「3,000万円 +（ ア ）万円 × 法定相続人の数」で算出した基礎控除額を超える場合、納付すべき相続税額がある相続人は、相続の開始があったことを知った日の翌日から（ イ ）ヵ月以内に申告書を提出しなければならない。
> なお、被相続人に養子がいる場合、法定相続人の数に算入することができる養子の数は、被相続人に実子がいない場合には（ ウ ）人までである。

1)（ア） 300　（イ） 10　（ウ） 1
2)（ア） 600　（イ） 10　（ウ） 2
3)（ア） 600　（イ） 3　（ウ） 1

2014年1月／資産・改

10 下記〈資料〉の路線価図に関する次の記述のうち、誤っているものはどれか。

〈資料〉

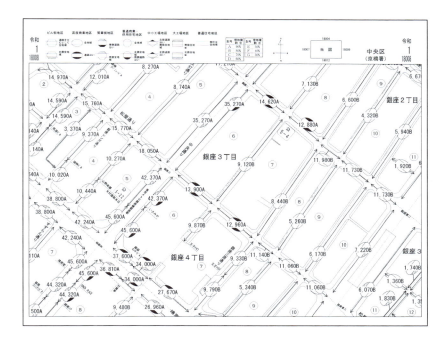

1) 路線価は、毎年1月1日を評価時点としている。
2) 路線価として記載されている数字は、1㎡当たりの価格を1万円単位で表示している。
3) 路線価の右隣に記載されているアルファベットは、借地権割合を示す記号である。

2014年1月／資産

07 相続放棄をした者は、はじめから相続人でなかったものとみなされ、代襲相続は認められないため、相続放棄した二男の子である孫は、相続人とならない。

➡ テキストp.368　解答　1

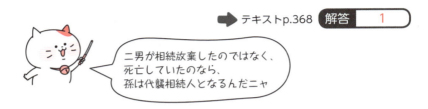

二男が相続放棄したのではなく、死亡していたのなら、孫は代襲相続人となるんだニャ

08 借地権の相続税評価額は、「自用地評価額×借地権割合」で求める。したがって、

200千円×340㎡×70％＝47,600千円

➡ テキストp.404　解答　2

09 基礎控除額は、「3,000万円＋600万円×法定相続人の数」で求める。被相続人の課税価格の合計額が基礎控除額を超え、納付すべき相続税額がある相続人は、相続の開始があったことを知った日の翌日から10ヵ月以内に申告書を提出しなければならない。
被相続人に養子がいる場合、法定相続人の数に算入することができる養子の数は、被相続人に実子がいない場合には2人まで、いる場合は1人までである。

➡ テキストp.364,390,394　解答　2

10 2）路線価として記載されている数字は **1㎡当たり**の価格を**千円単位**で表示している。

➡ テキストp.403 解答 **2**

〈路線価図の読み取り〉
・1㎡当たりの価格が表示される。
・「千円」単位で表示される。
・アルファベットは、借地権の割合を示している。

路線価が9,120（千円）　　借地権割合が80％

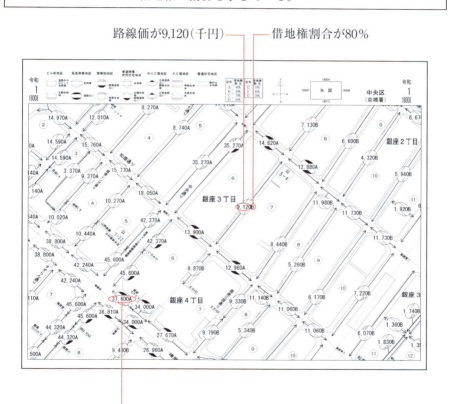

37,600（千円）の路線価で借地権割合が90％

予想問題

「予想問題」は、本番の試験と同じ問題数で構成されています。本試験をイメージし、時間配分を意識しながら取り組んでみましょう。間違えた問題は解説を読んでよく復習し、再度解いてみてください。解答用紙は巻末に掲載しています。解答・解説集は別冊になっていますので、採点と弱点の補強のためにご活用ください。

学科試験　60問 …………………………………… p.161
実技試験（個人資産相談業務）　15問 ………………… p.173
　　　　（保険顧客資産相談業務）　15問 …………………… p.185
　　　　（資産設計提案業務）　20問 ……………………… p.201

予想問題
学科試験

120分

試験問題については、特に指示のない限り、2020年4月現在施行の法令等に基づいて、解答してください（復興特別法人税・復興特別所得税・個人住民税の均等割加算も考慮するものとします）。なお、東日本大震災の被災者等に係る国税・地方税関係の臨時特例等の各種特例については考慮しないものとします。

【第1問】 次の各文章（（1）〜（30））を読んで、正しいものまたは適切なものには①を、誤っているものまたは不適切なものには②を、解答用紙にマークしなさい。

（1） 保険募集人資格のないファイナンシャル・プランナーは、保険の募集や勧誘のほか、個別具体的な保険相談や保障の見直し、必要保障額の計算などを行ってはならない。

（2） 国民年金の第1号被保険者とは、日本国内に住所を有する20歳以上60歳未満の者であって、国民年金の第2号被保険者および第3号被保険者のいずれにも該当しない者をいう。

（3） 長期固定金利の住宅ローン【フラット35】の融資限度額は、8,000万円で建設費・購入価額の90％までとされている。

（4） 住宅ローンの繰上げ返済の方法には、期間短縮型と返済額軽減型があるが、同じ条件で繰上げ返済をした場合には、利息軽減効果は期間短縮型のほうが高くなる。

（5） 日本政策金融公庫の「国の教育ローン（教育一般貸付）」には、子どもの人数に応じた年収制限があり、融資限度額は子ども・学生1人につき300万円である。

（6） 生命保険の責任開始期は、「保険契約の申込み」「告知（医師の診査）」が完了したときである。

（7） 入院特約が付加されている終身保険を払済保険に変更した場合、保険期間は短くなり、特約は消滅するが、保険金額は変わらない。

（8） 海外旅行傷害保険は、住居を出発してから帰宅するまでの傷害を補償する保険で、細菌性食中毒や地震、噴火、津波も特約なしで補償される。

（9） 軽過失による失火で隣家を全焼させた場合、「失火の責任に関する法律」（失火責任法）により、失火者は隣家に対して損害賠償責任を負わない。

162

(10)　家族傷害保険の被保険者には、被保険者本人（記名被保険者）、事故発生時の配偶者、本人または配偶者と生計を一にする同居の親族のほか、別居の未婚の子も含まれる。

(11)　一般的に、金利が上昇局面にある場合は変動金利商品が有利になり、金利下降局面では固定金利商品が有利になる。

(12)　一般的な固定利付債券では、通常、市中金利が上昇すると、債券価格は下落する。

(13)　株式投資信託の運用手法のうち、バリュー投資は、企業の成長性に着目し、将来の売上高や市場平均以上の利益水準が期待できる銘柄に投資する手法である。

(14)　東証株価指数（TOPIX）は、東京証券取引所第1部上場の全銘柄の時価総額を加重平均した指数であり、一般的に、大型株の影響を受けやすくなっている。

(15)　外貨建てMMFは、日々収益分配が行われ、月末最終営業日には1ヵ月分まとめて再投資される。購入日の翌日以降、いつでもペナルティーなしで解約できる。

(16)　税金は、国税と地方税に区分できるが、所得税は国税であり、不動産取得税は地方税である。

(17)　交通事故に遭って受け取った慰謝料や損害賠償金、損害保険金はすべて非課税所得とされる。

(18)　一時所得の金額は、その年中の一時所得に係る総収入金額からその収入を得るために支出した金額の合計額を控除し、その残額から最高50万円の特別控除額を控除したうえで、2分の1を掛けて算出する。

(19)　不動産の事業的規模による貸付けによる所得は、事業所得に該当する。

(20)　不動産所得の金額の計算上生じた損失の金額のうち、土地等を取得するために要した負債の利子の額に相当する部分の金額は、損益通算の対象とならない。

(21)　年末調整を受けた給与所得者であっても、雑損控除や医療費控除を受ける場合には確定申告が必要である。

(22)　不動産の登記記録の権利部甲区には、所有権以外の権利に関する事項が記載されている。

(23)　売買代金が400万円を超える場合、宅地建物取引業者が売買・交換の媒介で受け取れる報酬は、売主・買主それぞれから受け取る金額を合計して、「売買代金額（消費税は含まない）× 3 ％ + 60,000円 + 消費税」で計算される金額が限度額となる。

(24)　敷地が建ぺい率の異なる地域にまたがる場合、それぞれの地域に比例配分によって加重平均された建ぺい率が限度となる。

(25)　都市計画税は、原則毎年 1 月 1 日現在、市街化区域内の固定資産税台帳に登録されている固定資産の所有者が固定資産税とあわせて納付する。

(26)　贈与税の特例を受けて、納付税額がゼロとなる場合には、贈与税の申告書の提出は不要である。

(27)　遺言はいつでも遺言の方式によって、その遺言の全部（または一部）を撤回することができ、遺言書が複数存在する場合は、日付の新しい遺言内容が優先される。

(28)　養子の相続分は実子の相続分と同じであるが、非嫡出子の相続分は、嫡出子の相続分の 2 分の 1 とされている。

(29)　相続開始 3 年以内に被相続人から贈与された財産（贈与税の配偶者控除を適用）は、贈与時の時価で相続財産に加算される。

(30)　相続税の金銭一括納付が困難な場合、相続税額を問わず、延納か物納のどちらかを選択することができる。

【第2問】 次の各文章（(31)～(60)）の（　　）内に当てはまる最も適切な文章、語句、数字またはそれらの組合せを1）～3）のなかから選び、その番号を解答用紙にマークしなさい。

(31) 下記の〈資料〉をもとにした場合のAさんの令和2年の可処分所得の金額は、（　　　）である。

〈資料〉Aさんの令和2年の収入・支出等

給与等	7,000,000円
生命保険料	100,000円
損害保険料	50,000円
社会保険料	800,000円
所得税・住民税	700,000円

1） 5,350,000円
2） 5,500,000円
3） 6,050,000円

(32) 利率（年率）2％で運用しながら、毎年80万円を20年間にわたって受け取る場合に必要な原資は、下記の〈資料〉の係数を使用して算出すれば、（　　　）となる。

〈資料〉利率（年率）2％・期間20年の各種係数

現価係数	年金現価係数	年金終価係数
0.673	16.351	24.297

1） 538,400円
2） 13,080,800円
3） 19,437,600円

(33) 労働者災害補償保険は、日雇い労働者、パートタイマー、アルバイトを
（　①　）すべての労働者が対象で、１人以上の労働者を使用する適用事業所
は強制加入となっている。保険料は（　②　）負担する。
1） ① 除く　　② 全額事業主が
2） ① 含む　　② 労使折半で
3） ① 含む　　② 全額事業主が

(34) 全国健康保険協会管掌健康保険の被保険者に支給される出産手当金は、出
産のために働けず給与が受けられない場合、原則として出産日以前42日間、
出産日後56日間、休業１日につき標準報酬日額の（　　　　）が支給される。
1） ２分の１
2） ３分の２
3） ４分の３

(35) 国民年金基金の掛金は、確定拠出年金と合わせて月額68,000円までで、国
民年金基金の掛金は（　　　　）の対象となる。
1） 社会保険料控除
2） 小規模企業共済等掛金控除
3） 生命保険料控除

(36) 保険契約のクーリングオフは、（　　　　）の場合は適用外となる。
1） 保険期間が５年以内の契約
2） 自賠責保険
3） 自筆の封書による申出

(37) 保険会社の健全性を示す指標であるソルベンシー・マージン比率は、その
値が大きいほどリスクに対して支払余力があるとされ、（　　　　）を下回った
場合には、監督当局による早期是正措置の対象となる。
1） 100％
2） 200％
3） 300％

（38） 傷害保険の後遺障害保険金は、一般に、保障の対象となる事故によるケガが原因で、事故の発生日からその日を含めて（　　　）に所定の後遺障害が生じた場合に支払われる。

1） 180日以内

2） 270日以内

3） 300日以内

（39） 個人賠償責任保険では、（　　　）場合は補償の対象とならない。

1） マンションで水漏れをおこし、階下に損害を与えた

2） ベランダから植木鉢を落として、通行人にケガをさせた

3） 友人から借りたカメラを壊してしまった

（40） ガン保険では、一般に、契約から（　　　）とされている免責期間中にガンと診断された場合には、保障を受けることができない。

1） 30日間

2） 60日間

3） 90日間

（41） 元金100万円を年率1.5％（1年複利）で3年間運用した場合の元利合計金額は、税金や手数料等を考慮しない場合、（　　　）である。なお、小数点以下は切り捨てとする。

1） 1,033,750円

2） 1,045,000円

3） 1,045,678円

（42） 個人向け国債には、変動金利10年、固定金利5年、固定金利3年の3タイプがあるが、いずれも、発行から（　①　）経過後であればいつでも中途換金できる。ただし、中途換金調整額として直前（　②　）分の利子相当額（税引前）×0.79685が差し引かれる。

1） ① 1年　　　　② 1回

2） ① 2年　　　　② 2回

3） ① 1年　　　　② 2回

167

(43) 残存期間 4 年、表面利率1.0％の債券を101円で購入した場合の最終利回り
　　　は（　　　　）である。なお、答は表示単位の小数点以下第 3 位を四捨五入して
　　　いる。
　　　1 ）　0.74％
　　　2 ）　1.24％
　　　3 ）　1.98％

(44) 株式投資において、企業の資産価値から株価の割安・割高を判断するのに
　　　用いられる（　　　）は、株価を 1 株当たり純資産で割って求められる。
　　　1 ）　PER
　　　2 ）　PBR
　　　3 ）　ROE

(45) 円貨を米ドルに換えて米ドル建て定期預金に預け入れた。満期時の適用為
　　　替レートが預入時と比較して、円高・米ドル安になった場合、円ベースの利
　　　回りは（　　　）。
　　　1 ）　低くなる
　　　2 ）　変わらない
　　　3 ）　高くなる

(46) 上場株式等に係る譲渡損失の金額は、（　　　　）を選択した上場株式等に係
　　　る配当所得の金額と損益通算することができる。
　　　1 ）　源泉分離課税
　　　2 ）　総合課税
　　　3 ）　申告分離課税

(47) 所得税において、平成24年 1 月 1 日以後に締結した生命保険契約の保険料
　　　に係る一般の生命保険料、個人年金保険料、介護医療保険料の控除額の上限
　　　は各々最高（　　　）である。
　　　1 ）　30,000円
　　　2 ）　40,000円
　　　3 ）　50,000円

(48)　所得税の住宅借入金等特別控除の適用を一般の住宅に対して受ける場合、
　　　控除の対象となる限度額は（　①　）である。また、控除を受ける年の合計所
　　　得金額が（　②　）を超える場合は適用を受けられない。
　　　1）　①　2,000万円　　　　②　1,000万円
　　　2）　①　3,000万円　　　　②　2,000万円
　　　3）　①　4,000万円　　　　②　3,000万円

(49)　所得税において、不動産所得または事業所得を生ずべき事業を営む青色申
　　　告者が一定の要件を満たした場合、青色申告特別控除として所得金額から控
　　　除することのできる金額は、最高（　　　　）である。
　　　1）　10万円
　　　2）　38万円
　　　3）　55万円

(50)　不動産の価格を求める鑑定評価の手法のうち、（　　　　）は、類似した地域
　　　の取引事例について、事情補正や時点修正を行い、さらに地域要因や個別的
　　　要因を比較して、その不動産の価格を求める方法である。
　　　1）　原価法
　　　2）　取引事例比較法
　　　3）　収益還元法

(51)　「住宅用地に対する固定資産税の課税標準の特例」により、小規模宅地（住
　　　宅1戸につき200㎡までの部分）については、固定資産税の課税標準となるべ
　　　き価格の（　①　）の額が、一般住宅用地については、固定資産税の課税標準
　　　となるべき価格の（　②　）の額が課税標準とされる。
　　　1）　①　6分の1　　　　②　2分の1
　　　2）　①　4分の1　　　　②　2分の1
　　　3）　①　6分の1　　　　②　3分の1

(52)　個人が所有していた土地を譲渡した場合の金額の計算において、収入金額
　　　から控除する取得費は、概算取得費として、譲渡収入金額の（　　　　）に相当
　　　する額とすることができる。
　　　1）　5％
　　　2）　10％
　　　3）　15％

169

(53) 相続した土地の譲渡について、いわゆる相続財産を譲渡した場合の相続税の取得費加算の特例の適用を受ける場合、相続した財産を相続の申告期限から（　　　）以内に譲渡した場合、支払った相続税の一部を取得費として加算できる。
1）　3年
2）　4年
3）　5年

(54) 投資総額1億2,000万円の賃貸用不動産の年間収入の合計額が1,200万円、年間費用の合計額が300万円である場合、この投資の純利回り（NOI利回り）は、（　　　）である。
1）　5％
2）　7.5％
3）　10％

(55) 下記の〈親族関係図〉において、弟Bさんの法定相続分は、（　　　）である。
〈親族関係図〉

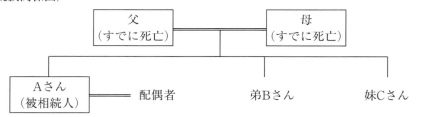

1）　2分の1
2）　4分の1
3）　8分の1

(56) 相続または遺贈により財産を取得した者が、その相続開始前（　　　）以内に被相続人から贈与を受けた財産がある場合、原則として、その財産の価額を相続税の課税価格に加算する。
1）　1年
2）　3年
3）　5年

（57）　相続税の計算において、（　　　　）が財産を相続する場合、算出税額に 2 割
相当の税額が加算される。
1 ）　被相続人の孫（代襲相続人である）
2 ）　被相続人の兄弟姉妹
3 ）　被相続人の父母

（58）　相続税の申告書の提出は、原則として、その相続の開始があったことを知っ
た日の翌日から（　　　　）以内にしなければならない。
1 ）　 4 ヵ月
2 ）　10 ヵ月
3 ）　12 ヵ月

（59）　相続税評価において、貸家建付地の評価額は、（　　　　）の算式により算出
する。
1 ）　自用地評価額×借地権割合
2 ）　自用地評価額×（ 1 －借地権割合）
3 ）　自用地評価額×（ 1 －借地権割合×借家権割合×賃貸割合）

（60）　契約者（＝保険料負担者）が夫、被保険者が妻、死亡保険金受取人が子であ
る生命保険契約において、子が受け取る死亡保険金は（　　　　）の課税対象と
なる。
1 ）　所得税
2 ）　相続税
3 ）　贈与税

予想問題
実技試験①

（個人資産相談業務）
金財

60 分

試験問題については、特に指示のない限り、2020年4月現在施行の法令等に基づいて、解答してください（復興特別法人税・復興特別所得税・個人住民税の均等割加算も考慮するものとします）。なお、東日本大震災の被災者等に係る国税・地方税関係の臨時特例等の各種特例については考慮しないものとします。

【第１問】　次の設例に基づいて、下記の各問（《問1》～《問３》）に答えなさい。

《設例》

　　W社に勤める会社員のAさん（59歳）は妻Bさん（58歳）との２人暮らしである。Aさんは、60歳でW社を定年退職の予定で、しばらく休んでから今よりも軽めの仕事に再就職するつもりだったが、最近上司から、W社の継続雇用制度を利用して嘱託として勤務を続けないかとの話があり、迷っている。そこで、Aさんは、ファイナンシャル・プランナーのMさんに、今後の公的年金や医療保険制度、雇用保険などについて相談することにした。

　　Aさんおよび妻Bさんに関する資料は以下のとおりである。

〈Aさんおよび妻Bさんに関する資料〉
（１）Aさん（会社員）
　　生年月日：昭和35年11月９日
［公的年金の加入歴（見込みを含む）］

昭和55年11月　　　　昭和58年４月　　　　　　　　　　　令和２年11月

国民年金30月	厚生年金保険被保険者期間450月
（未加入）	（加入見込み含む）

20歳　　　　　　　　22歳　　　　　　　　　　　　　　　60歳

（２）妻Bさん（専業主婦）
　　生年月日：昭和36年11月10日
20歳からAさんと結婚するまでの５年間は、会社員として厚生年金保険に加入し、保険料を納付。結婚後から現在に至るまでの期間は、国民年金に第３号被保険者として加入。Aさんが加入している健康保険の被保険者である。

※妻Bさんは、現在および将来においても、Aさんと同居し、生計維持関係にあるものとする。
※Aさんおよび妻Bさんは、現在および将来においても、公的年金制度における障害等級に該当する障害の状態にないものとする。
※上記以外の条件は考慮せず、各問に従うこと。

《問１》　Aさんが60歳でW社を定年退職し、嘱託勤務も再就職もしない場合における公的年金制度への加入等についてMさんが説明した以下の文章の空欄①～③に入る語句の組合せとして最も適切なものは、次のうちどれか。

174

ⅰ）Aさんの定年退職後は、妻Bさんは、国民年金の（　①　）から（　②　）への種別変更の手続きを行い、以後、原則として、国民年金の保険料を納めることになります。

ⅱ）Aさんは、原則として64歳から報酬比例部分のみの特別老齢厚生年金を受給することができます。妻Bさんは（　③　）から報酬比例部分のみの特別老齢厚生年金を受給することができます。

1）　①　第3号被保険者　　②　第1号被保険者　　③　62歳
2）　①　第3号被保険者　　②　第2号被保険者　　③　63歳
3）　①　第3号被保険者　　②　第1号被保険者　　③　64歳

《問2》　Aさんが60歳で定年退職後、嘱託勤務もせず再就職もしない場合における公的医療保険制度について説明した。Mさんが説明した以下の文章の空欄①～③に入る語句の組合せとして最も適切なものは次のうちどれか。

「Aさんは、現在加入中の健康保険の被保険者期間が資格喪失日の前日までに継続して（　①　）以上あるので、退職日の翌日（資格喪失日）から20日以内に手続きすれば、現在加入している健康保険に任意継続被保険者として加入することができます。任意継続被保険者として健康保険に加入できる期間は、最長で（　②　）です。また、任意継続被保険者として健康保険に加入する期間の保険料は（　③　）となります」

1）　①　1ヵ月　　　②　1年間　　　③　全額自己負担
2）　①　2ヵ月　　　②　2年間　　　③　全額自己負担
3）　①　1ヵ月　　　②　2年間　　　③　元の事業主との折半

《問3》　Mさんは、Aさんに対して、再就職した場合の雇用保険からの給付について説明した。MさんのAさんに対する説明に関する次の記述のうち、最も適切なものはどれか。

1）「Aさんが定年退職後、すぐに再就職せずに就職活動を行う場合には、最高120日分の基本手当を受け取ることができます」
2）「Aさんが定年退職後、継続雇用制度を利用してW社に継続して勤務し続けた場合に、60歳に比べて80％未満の賃金しか得られない場合は、高年齢雇用継続給付金が受け取れます」
3）「Aさんが基本手当を受け取ってから再就職した場合でも、基本手当の支給残日数が100日以上残っており、一定額以下の賃金しか得られない場合には、高年齢再就職給付金が受け取れます」

【第2問】 次の設例に基づいて、下記の各問(《問4》～《問6》)に答えなさい。

《設例》

　　会社員のAさん(45歳)は、令和2年中に、特定口座の源泉徴収選択口座を利用して、上場企業X社の株式(以下、「X社株式」という)を取引した。

　　また、Aさんは、先日、銀行の窓口で、平成26年から始まった「非課税口座内の少額上場株式等に係る配当所得及び譲渡所得の非課税措置(以下、当該非課税措置はNISA、当該非課税口座はNISA口座という)を利用して、Y投資信託を購入することを勧められた。Aさんは、Y投資信託を購入するにあたり、改めてNISAや株式、投資信託について確認したいと考えて、ファイナンシャル・プランナーのMさんに相談することにした。

　　X社株式の取引に係る資料およびY投資信託に関する資料は、以下のとおりである。

〈X社株式に関する資料〉

取引日	売買の別	取引株数	株価
令和2年1月20日	購入	500株	1,000円
令和2年7月7日	売却	500株	1,200円

※Aさんは、令和2年中にこれ以外に株式取引を行っていない。

〈Y投資信託に関する資料〉

・公募株式投資信託

・追加型／内外／株式

・信託期間　　　　　　：無期限

・購入手数料　　　　　：購入価額の3.30％（税込）

・信託財産留保額　　　：解約価額の0.2％

・基準価額　　　　　　：10,600円（1万口当たり）

《問４》　AさんがX社株式を売却した際に徴収された所得税および住民税の合計額は、次のうちどれか。なお、所得税・住民税以外の費用等および復興特別所得税は考慮しないものとする。

1）10,000円
2）15,000円
3）20,000円

《問５》　投資信託に関する次の記述のうち、最も不適切なものはどれか。

1）投資信託の基準価額は、純資産総額を総口数で割って求められる。
2）信託報酬は、信託財産の運用・管理に対して継続的にかかる費用で、投資信託委託会社・販売会社・信託銀行が受け取る。
3）信託財産留保額は、中途解約時に負担する費用で、すべての投資信託に設定されている。

《問６》　NISA口座についてMさんが説明した次の記述のうち、最も不適切なものはどれか。

1）「NISA口座には毎年、上場株式や株式投資信託の投資元本120万円までを受け入れることができます」
2）「NISA口座の開設期間は平成26年から令和５年までの10年間で、開設した年の１月１日から５年間にわたって非課税の適用が受けられます」
3）「一般NISA口座とつみたてNISA口座は選択制となります」

【第3問】 次の設例に基づいて、下記の各問（《問7》～《問9》）に答えなさい。

《設例》

　　Aさん（50歳）は飲食店を営む個人事業主で、開業以来、青色申告により確定申告を行っている。また、Aさんは、令和2年中に、加入していた終身保険の解約返戻金を受け取った。

　　Aさんの令和2年分の収入等に関する資料等は以下のとおりである。

〈Aさんの家族構成〉
・Aさん　　　（47歳）：個人事業主
・妻Bさん　　（45歳）：Aさんの青色事業専従者として、令和2年中に青色事業専従者給与96万円の支払いを受けている。
・長女Cさん（19歳）：専門学校生。令和2年中に、アルバイトにより給与収入60万円を得ている。
・長男Dさん（14歳）：中学生。令和2年中の収入はない。

〈Aさんの令和2年分の事業所得の金額に関する資料〉
・事業所得の金額　　：650万円（青色申告特別控除後の金額）

〈Aさんが令和2年中に受け取った生命保険の解約返戻金に関する資料〉
保険の種類　　　　：　終身保険
契約年月日　　　　：　平成11年6月3日
契約者（＝保険料負担者）：Aさん
解約返戻金額　　　：800万円
払込保険料　　　　：700万円

※妻Bさん、長女Cさん、長男Dさんは、Aさんと同居し、生計を一にしている。
※家族は、いずれも障害者および特別障害者に該当しない。
※家族の年齢は、いずれも令和2年12月31日現在のものである。
※上記以外の条件は考慮せず、各問に従うこと。

《問7》　Aさんの令和2年分の所得税における所得控除に関する次の記述のうち、最も適切なものはどれか。

1）妻Bさんは、控除対象配偶者に該当するため、Aさんは、配偶者控除（控除額38万円）の適用を受けることができる。

2）長女Cさんは特定扶養親族に該当するため、Aさんは、扶養控除（控除額63万円）の適用を受けることができる。

3）長男Dさんは一般の扶養親族に該当するため、Aさんは、扶養控除（控除額38万円）の適用を受けることができる。

《問8》　Aさんの令和2年分の総所得金額は、次のうちどれか。

1）650万円

2）675万円

3）700万円

《問9》　青色申告制度に関する以下の文章の空欄①～③に入る語句の組合せとして最も適切なものは、次のうちのどれか。

　　青色申告制度では、青色申告納税者に対し、税務上の特典を与えている。その特典の1つに「青色事業専従者給与の必要経費への算入」がある。青色事業専従者の要件としては、生計を一にする親族（15歳以上）であること、もっぱら（原則として（　①　）超）事業に従事していることなどがある。

　　青色申告の承認を受けようとする者は、原則として、青色申告の承認を受けようとする年の（　②　）までに、納税地の所轄税務署長に青色申告承認申請書を提出しなければならない（その年の1月16日以後に新規に業務を開始した場合は、業務を開始した日から2ヵ月以内に提出する）。また、青色申告者は、備付帳簿書類等を原則として（　③　）保存しなければならない。

1）①　6ヵ月　　　②　1月15日　　　③　10年間

2）①　1年　　　　②　3月15日　　　③　7年間

3）①　6ヵ月　　　②　3月15日　　　③　7年間

予想問題
実技試験（個人資産相談業務）

179

【第4問】 次の設例に基づいて、下記の各問(《問10》〜《問12》)に答えなさい。

《設例》

甲土地を父親の相続によって令和2年4月に取得したAさんは、賃貸アパートを建築することを検討している。
　甲土地の概要および建築予定の賃貸アパートの概要は、以下のとおりである。

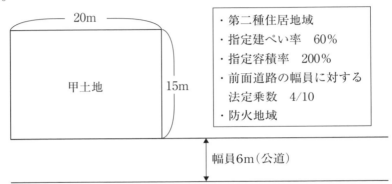

〈建築予定の賃貸アパートの概要〉
・構造：鉄骨造2階建て
・規模：ワンルームアパート（8戸）
・投資額：6,000万円
・年間賃料収入：900万円
・年間実質費用：300万円

※上記以外の条件は考慮せず、各問に従うこと。

《問10》 甲土地および賃貸アパートの税金に関する次の記述のうち、最も不適切なものはどれか。

1） Aさんは、甲土地を父親から相続により取得しているので、この取得について不動産取得税は課されない。

2） Aさんは、甲土地を父親から相続により取得しているので、甲土地について所有権移転登記を受けても、登録免許税は課されない。

3） Aさんが建築した賃貸アパートおよびその敷地に係る固定資産税の課税標準の基礎となる価格（固定資産税評価額）の評価替えは、原則として、3年に1度行われる。

《問11》 《設例》の〈建築予定の賃貸アパートの概要〉に基づいてAさんが賃貸アパートを建築し、経営した場合の純利回り（NOI利回り）は次のうち、どれか。

1） 10%

2） 12%

3） 15%

《問12》 Aさんが甲土地に賃貸アパートを建築する場合の最大延べ床面積は、次のうちどれか。

1） 15m×20 m × 60% ＝180㎡

2） 15m×20 m ×200% ＝600㎡

3） 15m×20 m ×240% ＝720㎡

【第5問】 次の設例に基づいて、下記の各問(《問13》～《問15》)に答えなさい。

《設例》

　Aさんは、令和2年4月4日に70歳で死亡した。Aさんは妻Bさん(69歳)と同居していた。
　長男Cさん(45歳)一家は近所に住んでおり、3年前に亡くなった長女Dさんの夫とその子(Aさんの孫)は、隣の市に住んでいる。
　Aさんの親族関係図およびおもな財産の状況は次のとおりである。

〈Aさんの親族関係図〉

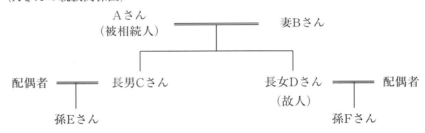

〈Aさんのおもな財産〉

預貯金	5,000万円
自宅の敷地(宅地)(300㎡)	5,000万円 (小規模宅地等についての相続税の課税価格の計算の特例の適用前の価格)
自宅の建物(家屋)	1,000万円

※上記以外の条件は考慮せず、各問に従うこと。

《問13》 Aさんの相続における遺産に係る基礎控除額は、次のうちどれか。
1) 8,000万円
2) 4,800万円
3) 4,200万円

《問14》 Aさんの相続に係る相続税と相続開始後の手続きに関する次の記述のうち、最も適切なものはどれか。
1) Aさんが自宅の金庫に自筆証書遺言を残していた場合、これを発見した相続人は、相続の開始を知った後、遅滞なく、その遺言書を公証役場に提出してその検認を請求しなければならない。
2) 妻Bさんが「配偶者に対する相続税の軽減」の適用を受けるためには、Aさんの相続開始時において、Aさんとの婚姻期間が20年以上でなければならない。
3) 長男Cさんが令和元年7月にAさんからの贈与によって取得した財産の価額は、相続税の課税価額に加算する。

《問15》 Aさんの相続により、Aさんの自宅の敷地を家屋とともに妻Bさんがすべて取得した場合、「小規模宅地等についての相続税の課税価格の計算の特例」の適用を受けると、敷地の評価額はいくらになるか。なお、この自宅の敷地以外にこの特例の適用を受ける宅地等はないものとする。
1) 1,000万円
2) 1,800万円
3) 4,000万円

予想問題
実技試験②

(保険顧客資産相談業務)
金財

60 分

試験問題については、特に指示のない限り、2020年4月現在施行の法令等に基づいて、解答してください(復興特別法人税・復興特別所得税・個人住民税の均等割加算も考慮するものとします)。なお、東日本大震災の被災者等に係る国税・地方税関係の臨時特例等の各種特例については考慮しないものとします。

【第1問】　次の設例に基づいて、下記の各問（《問1》～《問3》）に答えなさい。

《設例》

　　個人事業主のAさん（39歳）は、妻Bさん（35歳）とともに飲食店を経営している。Aさんは、40歳から介護保険料の負担が生じることを知り、公的介護保険について教えてほしいと思っている。

　　また、Aさんは、これまで厚生年金保険に加入したことはなく、少しでも年金を増やそうと付加年金に加入しているが、さらに老後の年金収入を増やす手段として、確定拠出型年金や国民年金基金にも興味を持っている。

　　そこで、Aさんは、ファイナンシャル・プランナーのMさんに相談することにした。Aさんに関する資料は、以下のとおりである。

〈Aさんに関する資料〉
・昭和56年7月11日生まれ
・20歳から現在に至るまで、国民年金に第1号被保険者として加入しているが、20歳から5年間は保険料を全額免除されていた。それ以後は、国民年金保険料を中断なく納付している。
・60歳になるまで、国民年金保険料を納付する予定である。

平成13年　　　　　　　　　　　　　　　　　　　　　　　　　令和23年

国民年金			
保険料免除期間	保険料納付済期間	保険料納付済期間 （付加保険料を含む）	保険料納付予定期間 （付加保険料を含む）
60月	96月	72月	252月

20歳　　　　　　　　　　　　　　　　　　　　　　　　　　　　60歳

※Aさんおよび妻Bさんは、現在および将来においても、公的年金制度における障害等級に該当する障害の状態にないものとする。
※上記以外の条件は考慮せず、各問に従うこと。

186

《問1》 はじめに、Mさんは、公的介護保険の概要について説明した。Mさんが
Aさんに対して説明した以下の文章の空欄①〜③に入る語句の組合せとして、次
のうち最も適切なものはどれか。

　公的介護保険の被保険者は、第1号被保険者と第2号被保険者に区分され
ます。第1号被保険者は市町村または特別区（以下、市町村という）の区域内
に住所を有する65歳以上の者で、第2号被保険者は市町村の区域内に住所を
有する（　①　）65歳未満の医療保険加入者です。

　第2号被保険者が介護保険の給付を受けられるのは、（　②　）要介護状態
または要支援状態にある旨の認定を受けた場合のみです。

　サービス利用時の自己負担は原則（　③　）（食事、居住費を除く）です。支
給限度額基準額を超えた分は全額自己負担となります。

---

1) ①　35歳以上　　②　特定疾病による　　③　1割

2) ②　40歳以上　　②　特定疾病による　　③　1割

3) ③　40歳以上　　②　原因を問わず　　③　2割

《問2》 次にMさんは、老齢基礎年金の繰下げ支給について説明した。Mさんの、
Aさんに対する説明として、次のうち最も不適切なものはどれか。

1)「老齢基礎年金の繰下げ支給の申出をすると、付加年金の年金額も増額され
ます」

2)「老齢基礎年金の繰下げ支給の申出をした場合、老齢基礎年金は、一生涯に
わたって、支給開始を繰り下げた月数に応じて増額した年金額が支給されます」

3)「繰下げ支給は繰り下げる月数の1ヵ月につき0.5%ずつ増額されます」

《問3》 MさんがAさんに説明した、Aさんの将来の年金収入を増やす方法につ
いてのアドバイスとして、次のうち、最も不適切なものはどれか。

1)「Aさんは、付加年金と同時に国民年金基金に加入することができます。国
民年金基金の掛金は確定拠出年金と合わせて月額68,000円までで、全額が社会
保険料控除の対象となります」

2)「Aさんは、確定拠出年金の個人型年金に加入することができます。確定拠
出年金は、掛金は一定でも運用実績によって受け取る年金額が変わります」

3)「Aさんが確定拠出年金に加入した場合、確定拠出年金の掛金は、国民年金
の付加保険料と合算して月額68,000円が限度となります」

【第２問】 次の設例に基づいて、下記の各問（《問４～問６》）に答えなさい。

《設例》

　　会社員のAさん（40歳）は、専業主婦である妻Bさん（35歳）と長女Cさん（１歳）との３人家族である。Aさんは、現在加入している生命保険の各種特約がもうすぐ更新時期を迎えるため、保障内容を再確認したいと思っている。また、老後の生活資金の準備として、個人年金保険の加入を検討している。

　　そこで、Aさんは、ファイナンシャル・プランナーのMさんに相談することにした。Aさんが現在加入している生命保険の契約内容は、以下のとおりである。

〈Aさんの相談内容〉
・現在加入している生命保険の保障内容について再確認したい。
・個人年金保険の商品性について教えてほしい。
・生命保険の見直し等についてアドバイスしてほしい。

〈Aさんが加入している生命保険の契約内容〉
保険の種類　　：　定期保険特約付終身保険
契約年月日　　：　平成22年12月１日
契約者（＝保険料負担者）・被保険者　：　　Aさん
死亡保険金受取人　：　妻Bさん

主契約および 付加されている特約の内容	保険金額	払込・保険期間
終身保険	100万円	65歳・終身
定期保険特約	2,100万円	10年
特定疾病保障定期保険特約	300万円	10年
傷害特約	500万円	10年
災害割増特約	500万円	10年
疾病入院特約	１日目から日額5,000円	10年
災害入院特約	１日目から日額5,000円	10年
先進医療特約	1,000万円	10年
リビング・ニーズ特約		

※上記以外の条件は考慮せず、各問に従うこと。

《問4》 はじめに、Mさんは、Aさんが現在加入している生命保険の保障内容について説明した。Mさんが、Aさんに対して説明した以下の文章の空欄①～③に入る語句の組合せとして、次のうち最も適切なものはどれか。

> i) 仮に、Aさんが、ガン、急性心筋梗塞、（ ① ）により所定の状態となった場合、特定疾病保障定期保険特約から特定疾病保険金を受け取ることができます。
> ii) 先進医療特約の支払対象となる先進医療の種類は、（ ② ）現在において公的医療保険制度の給付対象となっていない先進的な医療技術のうち、厚生労働大臣が定めるものとなっています。なお、先進医療ごとに、厚生労働大臣が定める施設基準に適合する病院または診療所において行われるものに限られます。
> iii) 仮に、現時点でAさんが不慮の事故で亡くなった場合、妻Bさんが受け取ることのできる死亡保険金の額は、（ ③ ）となります。

1) ① 糖尿病 　　② 治療日 　　③ 2,200万円
2) ① 脳卒中 　　② 契約日 　　③ 3,200万円
3) ① 脳卒中 　　② 治療日 　　③ 3,500万円

《問5》 Mさんは、個人年金保険の一般的な商品性について説明した。Mさんの、Aさんに対する説明として、次のうち、最も不適切なものはどれか。

1)「個人年金保険は、被保険者があらかじめ決めた年齢になった時点から毎年年金が支払われる保険で、年金受取前に被保険者が死亡した場合には、解約返戻金相当額の死亡給付金が支払われます」
2)「定額個人年金保険は、払い込んだ保険料が一般勘定で運用され、原則、将来受け取る年金額が保証されます」
3)「変額個人年金保険は、払い込んだ保険料が特別勘定で運用され、その運用実績によって将来受け取ることができる年金額が変動します」

《問6》 最後に、Mさんは、生命保険の見直しやAさんの家族の生命保険についてもAさんに説明した。Mさんの、Aさんに対する説明として、次のうち最も不適切なものはどれか。

1）「Aさんが現在加入している生命保険の各種特約を同一の保障内容で更新した場合、更新後の保険料は更新前よりも高くなります。特約の内容を確認し、必要な保障の特約のみを更新してはいかがでしょうか」

2）「長女Cさんの教育資金を準備するための保険として学資（こども）保険があります。この保険は、親などを契約者、子を被保険者として加入する保険です。万一、契約者である親が保険期間中に死亡・高度障害となった場合には、その後の保険料支払いが免除され、学資祝い金や満期祝金は契約どおりに受け取ることができます」

3）「妻Bさんの入院保障を準備するための保険として、終身医療保険があります。この保険は、病気やケガによる入院の際に入院給付金が受け取れ、給付日数に上限はありません。保障内容を変更しなければ、主契約の保険料は一生涯変わりません」

【第3問】 次の設例に基づいて、下記の各問(《問7～問9》)に答えなさい。

《設例》

　Aさん(65歳)は、X株式会社(以下、「X社」という)の社長である。Aさんは、X社で専務を務める長男Bさん(38歳)に事業を譲り、今期で勇退することを決意している。

　X社では、役員・従業員の退職金準備として養老保険(いわゆるハーフタックスプラン)に加入しており、被保険者の1人であるAさんの保険契約が今期満期を迎えるため、その満期保険金をAさんへの役員退職慰労金の一部に充当する予定である。また、Aさんは、生命保険会社の担当者から長男Bさんを被保険者とする生命保険の提案を受けている。

　そこで、Aさんは、ファイナンシャル・プランナーのMさんに相談することにした。X社が現在加入している生命保険と、加入を勧められている生命保険の内容は以下のとおりである。

〈Aさんの相談内容〉
・現在加入している生命保険から満期保険金を受け取った場合の、X社の経理処理(仕訳)について教えてほしい。
・Aさん自身の退職金に関する課税関係を教えてほしい。
・提案を受けている生命保険の特徴について教えてほしい。

〈X社が現在加入している生命保険の内容〉

保険の種類		養老保険(特約付加なし)
契約年月日		平成12年11月1日
契約者(＝保険料負担者)		X社
被保険者		Aさん
保険金受取人	満期時	X社
	死亡時	X社
保険期間・保険料払込期間		65歳満了
保険金額		2,000万円
払込保険料総額		1,800万円

191

〈Aさんが提案を受けている生命保険の内容〉

保険の種類	無配当低解約払戻金型終身保険(特約付加なし)
契約者(=保険料負担者)	X社
被保険者	長男Bさん
死亡保険金受取人	X社
保険金額	6,000万円
保険料払込期間	60歳満了
年払保険料	222万円
払込保険料累計額(①)	4,884万円
65歳時の解約返戻金(②)	5,348万円
受取率(②÷①)	109.5%

※上記以外の条件は考慮せず、各問に従うこと。

《問7》 X社がAさんを被保険者として加入している養老保険から満期保険金を受け取った場合におけるX社の経理処理(仕訳)として、次のうち最も適切なものはどれか。なお、当該保険契約からの配当については考慮しないものとする。

1)

借方		貸方	
現金・預金	2,000万円	雑収入	1,000万円

2)

借方		貸方	
現金・預金	2,000万円	保険料積立金	900万円
		雑収入	1,100万円

3)

借方		貸方	
現金・預金	2,000万円	保険料積立金	1,800万円
		雑収入	200万円

192

《問8》 仮に、X社がAさんに役員退職慰労金として6,000万円を支給した場合、Aさんが受け取る役員退職慰労金に係る退職所得の金額として、次のうち最も適切なものはどれか。なお、Aさんの役員在任期間（勤続期間）は28年9ヵ月で、これ以外に退職手当等の収入はなく、障害者になったことが退職の直接の原因ではないものとする。

1）〔6,000万円 −｛800万円+70万円×（28年 − 20年）｝〕×1/2 = 2,320万円
2）〔6,000万円 −｛800万円+40万円×（29年 − 20年）｝〕×1/2 = 2,420万円
3）〔6,000万円 −｛800万円+70万円×（29年 − 20年）｝｝×1/2 = 2,285万円

《問9》 Mさんは、保険会社から提案されている長男Bさんを被保険者とした無配当低解約返戻金型終身保険について説明した。MさんのAさんに対する説明として、次のうち最も不適切なものはどれか。

1）「X社が保険期間中に資金を必要とした際に、契約者貸付制度を利用することで、当該保険契約を解約することなく、資金を調達することができます」
2）「Bさんの退任時に、役員退職金の一部として当該終身保険の契約者をBさん、死亡保険金受取人をBさんの相続人に名義変更することで、当該終身保険を個人の保険として継続することも可能です」
3）「Bさんが65歳のときに当該終身保険を解約した場合、X社はそれまで資産計上していた保険料積立金を取り崩し、解約返戻金との差額を雑損失として経理処理します」

【第4問】 次の設例に基づいて、下記の各問(《問10～問12》)に答えなさい。

《設例》

　　会社員のAさんは、妻Bさんおよび長女Cさんとの3人暮らしである。Aさんは令和2年7月に建売住宅を取得して同月中に入居し、令和2年分の所得税について確定申告を行って、住宅借入金等特別控除の適用を受ける予定である。

　　Aさんの家族構成等に関する資料は以下のとおりである。

〈Aさんの家族構成〉
　　Aさん(45歳)　　　：会社員
　　妻Bさん(42歳)　　：令和2年中に、パートにより給与収入80万円を得ている。
　　長女Cさん(15歳)：令和2年中の収入はない。

〈Aさんの令和2年分の収入等に関する資料〉
　　給与収入の金額　　　　　　：900万円
　　上場株式の譲渡損失の金額　：50万円

〈Aさんが令和2年中に支払った損害保険料に関する資料〉

保険の種類	契約者 (保険料負担者)	契約年月	年間支払保険料
火災保険	Aさん	令和2年7月	60,000円
地震保険	Aさん	令和2年7月	30,000円

※上記の保険は、いずれもAさんの自宅を補償対象とする損害保険である。
※妻Bさんと長女Cさんは、Aさんと同居し、生計を一にしている。
※家族全員、障害者および特別障害者には該当しない。
※Aさんとその家族の年齢は、いずれも令和2年12月31日現在のものである。
※上記以外の条件は考慮せず、各問に従うこと。

《問10》 Aさんに係る所得税における住宅借入金等特別控除（以下、「本控除」という）に関する次の記述のうち、最も不適切なものはどれか。

1） Aさんが令和3年分も引き続き本控除の適用を受けるためには、令和3年分の所得税について、必ず所得税の確定申告を行わなければならない。
2） Aさんが本控除の適用を受けた場合の各年分の控除額の計算上、住宅借入金の年末残高等に乗じる控除率は10年目までは一律1.0％である。
3） Aさんが、転勤等で居住しなくなった期間は本控除は適用不可となるが、再居住した年以後は再適用することができる。

《問11》 Aさんの令和2年分の所得税における所得控除に関する次の記述のうち、最も適切なものはどれか。

1） Aさんの合計所得金額は1,000万円未満のため、Aさんは配偶者特別控除の適用を受けることができる。
2） 長女Cさんは一般の扶養親族に該当するため、Aさんは、扶養控除（控除額38万円）の適用を受けることができる。
3） Aさんが支払った地震保険の保険料は全額が地震保険料控除の対象となる。

《問12》 Aさんの令和2年分の所得税における総所得金額は、次のうちどれか。

1） 655万円
2） 705万円
3） 850万円

〈給与所得控除額〉

給与等の収入金額		給与所得控除額
	1,800,000円以下	収入金額×40％ − 100,000円 550,000円に満たない場合は550,000円）
1,800,000円超	3,600,000円以下	収入金額×30％ ＋ 80,000円
3,600,000円超	6,600,000円以下	収入金額×20％ ＋ 440,000円
6,600,000円超	8,500,000円以下	収入金額×10％ ＋ 1,100,000円
8,500,000円超		1,950,000円（上限）

【第5問】 次の設例に基づいて、下記の各問（《問13～問15》）に答えなさい。

《設例》

Aさん（73歳）は、妻Bさん（71歳）、長男Cさん（38歳）、二男Dさん（36歳）との4人家族である。最近体調のすぐれないAさんは、自身の相続について気になり、遺言書を書くことも考えている。
Aさんの親族関係図およびAさんが現在加入している生命保険の契約内容は、以下のとおりである。

〈Aさんの親族関係図〉

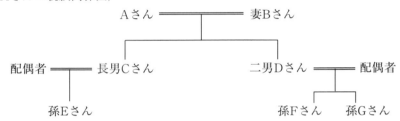

〈Aさんが現在加入している生命保険の契約内容〉

保険種類	終身保険
契約者（＝保険料負担者）・被保険者	Aさん
死亡保険金受取人	Bさん
死亡保険金額	2,000万円

保険種類	終身保険
契約者（＝保険料負担者）・被保険者	Aさん
死亡保険金受取人（受取割合）	Cさん（50％）・Dさん（50％）
死亡保険金額	3,000万円

※上記以外の条件は考慮せず、各問に従うこと。

《問13》 遺言に関する以下の文章①～③に入る語句の組合せとして、次のうち最も適切なものはどれか。

> 自筆証書遺言は、遺言者がその遺言の本文、日付および氏名を自書し、これに押印して作成するものである。相続開始後は、（　　①　　）による検認が必要である（法務局に預けてあった場合を除く）。
>
> 公正証書遺言は、証人（　　②　　）以上の立会のもと、遺言者が遺言の趣旨を公証人に口授し、公証人がこれを筆記して作成するもので、その作成には遺言の目的となる財産の価額に応じた手数料がかかる。
>
> なお、遺言書が複数存在する場合は、（　　③　　）遺言内容が優先され、日付のないものや日付の特定できないものは無効である。

1) ① 公証役場 ② 1 人 ③ 日付の新しい
2) ① 家庭裁判所 ② 2 人 ③ 日付の古い
3) ① 家庭裁判所 ② 2 人 ③ 日付の新しい

《問14》 仮に、Aさんの相続が令和2年11月1日に開始し、Aさんが加入している生命保険契約から妻Bさん、長男Cさん、二男Dさんがそれぞれ死亡保険金を受け取った場合、長男Cさんの相続税の課税価格に算入される金額（非課税金額控除後の金額）は、次のうちどれか。

1) 1,000万円
2) 1,050万円
3) 1,500万円

《問15》 仮に、Aさんの相続が令和2年11月1日に開始し、Aさんの相続に係る課税遺産総額（課税価格の合計額－遺産に係る基礎控除額）が1億円であった場合の相続税の総額は次のうちどれか。

1) 1,130万円
2) 1,450万円
3) 1,750万円

〈相続税の速算表（平成27年1月1日以後　一部抜粋〉

法定相続分に応ずる取得金額		税率	控除額
	1,000万円以下	10%	—
1,000万円超	3,000万円以下	15%	50万円
3,000万円超	5,000万円以下	20%	200万円
5,000万円超	1億円以下	30%	700万円

予想問題
実技試験③

(資産設計提案業務)
日本FP協会

60分

試験問題については、特に指示のない限り、2020年4月現在施行の法令等に基づいて、解答してください（復興特別法人税・復興特別所得税・個人住民税の均等割加算も考慮するものとします）。なお、東日本大震災の被災者等に係る国税・地方税関係の臨時特例等の各種特例については考慮しないものとします。

【第1問】　下記の問１、問２について解答しなさい。

《問１》　ファイナンシャル・プランニング業務を行うに当たっては、関連業法を順守することが重要である。ファイナンシャル・プランナー(以下、「FP」という)の行為に関する次の記述のうち、最も不適切なものはどれか。

１）税理士資格を有していないFPが、顧客から要望を受け、無償で税務書類の作成を行った。
２）生命保険募集人の登録をしていないFPが、顧客から相談を受け、生命保険証券の見方について説明した。
３）弁護士資格を有していないFPが、法律事務に関する業務依頼に備えるために、弁護士と提携する顧問契約を締結した。

《問2》 下記は、緑川家のキャッシュフロー表（一部抜粋）である。このキャッシュフロー表の空欄（ア）、（イ）に当てはまる数値の組合せとして、正しいものはどれか。なお、計算に当たっては、キャッシュフロー表中に記載の整数を使用し、計算結果は万円未満を四捨五入すること。

〈緑川家のキャッシュフロー表〉　　　　　　　　　　　　　　　　　　（単位：万円）

経過年数			現在	1年	2年	3年
西暦(年)			2020	2021	2022	2023
令和(年)			2	3	4	5
家族・年齢	緑川　聡	本人	42歳	43歳	44歳	45歳
	綾子	妻	40歳	41歳	42歳	43歳
	大樹	長男	14歳	15歳	16歳	17歳
	梨央	長女	12歳	13歳	14歳	15歳
ライフイベント		変動率	海外旅行	梨央 中学入学	大樹 高校入学	
収入	給与収入(夫)	1%	630			
	給与収入(妻)	－	90	90	90	90
	収入合計	－	720			
支出	基本生活費	2%	350		（ア）	
	住宅関連費	－	134	134	134	134
	教育費	－	65		200	
	保険料	－	48	48	48	48
	一時的支出	－	200			
	その他支出	－	50			
	支出合計	－				
年間収支		－	（イ）			
金融資産残高		1%	600			

※年齢は各年12月31日現在のものとし、令和2年を基準年とする。
※記載されている数値は正しいものとする。
※問題作成の都合上、一部空欄にしてある。

1）（ア）357　　　　（イ）▲127
2）（ア）364　　　　（イ）　127
3）（ア）364　　　　（イ）▲127

【第2問】 下記の問3 ～問6について解答しなさい。

《問3》 下記は、経済用語についてまとめた表である。下表の経済用語に関する次の記述のうち、最も不適切なものはどれか。

経済用語	おもな内容
（ ア ）	金融部門から経済全体に供給されている通貨の量のことで、毎月日銀が発表している。
（ イ ）	日本銀行が金融市場から資金を吸収するための公開市場調査（オペレーション）であり、資金量の減少から、金利の上昇要因となる。
（ ウ ）	企業間で取引される商品の価格変動に焦点を当てた指数であり、日本銀行が公表している。国際商品市況や外国為替相場の影響を受けやすい傾向がある。

1 ） 空欄（ア）に入る用語は「マネーストック」である。
2 ） 空欄（イ）に入る用語は「売りオペレーション」である。
3 ） 空欄（ウ）に入る用語は「鉱工業生産指数」である。

《問4》 下記〈資料〉に基づく、株式の評価尺度に関する次の記述のうち、正しいものはどれか。

〈資料〉

株価	2,000円
1株当たり年間配当金	35円
1株当たり純利益	150円
1株当たり純資産	1,600円

1 ） 配当利回りは、投資金額に対する配当金の割合を示す指標で、
　　「35円÷2,000円×100＝1.75（％）」である。
2 ） 株価収益率（PER）は、利益水準から株価の割安・割高を判断するもので、
　　「150円÷2,000円×100＝7.5（倍）」である。
3 ） 株価純資産倍率（PBR）は、企業の資産価値から株価の割安・割高を判断するもので、「1,600円÷2,000円＝0.8（倍）」である。

204

《問5》 坂田徹さんは、WA銀行（日本国内に本店のある普通銀行）に下記〈資料〉の預金を預け入れている。仮にWA銀行が経営破たんした場合、預金保険制度により保護される元本（最大金額）として、正しいものはどれか。

〈資料〉

決済用預金	1,200万円
円普通預金（利息付き）	300万円
円定期預金	800万円
外貨MMF（豪ドル）	200万円（円換算額）

※WA銀行において借入れはない。

1）2,000万円
2）2,200万円
3）2,500万円

《問6》 下記〈資料〉に基づくYZ株式会社の投資指標に関する次の記述のうち、最も適切なものはどれか。なお、購入時の手数料および税金は考慮しないこととする。

〈資料〉

1）株価収益率（PER）で比較した場合、YZ株式会社の株価は日経平均採用銘柄の平均（予想ベース）より割高である。
2）株価純資産倍率（PBR）で比較した場合、YZ株式会社の株価は東京証券取引所市場第1部（東証1部）全銘柄の平均より割高である。
3）配当利回りで比較した場合、YZ株式会社の配当利回りは東京証券取引所市場第1部（東証1部）全銘柄の単純平均（予想ベース）より高い。

【第3問】 下記の問7について解答しなさい。

《問7》 建築基準法に従い、下記〈資料〉の土地に建築物を建築する場合、延べ面積(床面積の合計)の最高限度として、正しいものはどれか。なお、記載のない条件については一切考慮しないこととする。

〈資料〉

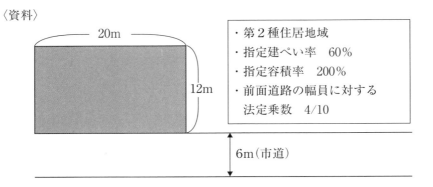

1) 144㎡
2) 480㎡
3) 576㎡

【第4問】 下記の問8〜問10について解答しなさい。

《問8》 鈴木昭雄さんが加入している生命保険(下記〈資料〉参照)の保障内容に関する次の記述の空欄(ア)に当てはまる金額として正しいものは、どれか。なお、保険契約は有効に継続しているものとし、昭雄さんはこれまでに〈資料〉の保険から保険金および給付金を一度も受け取っていないものとする。

〈資料〉

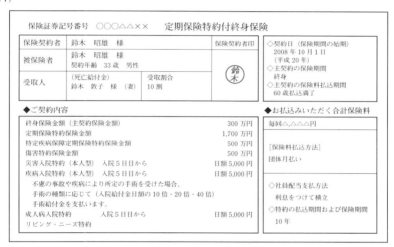

鈴木昭雄さんが、令和2年中に交通事故で死亡(即死)した場合に支払われる死亡保険金は、合計(ア)である。

1) 2,000万円
2) 2,500万円
3) 3,000万円

《問9》 下記は、個人年金保険の年金種類とその特徴についてまとめた表である。下表の空欄(ア)、(イ)にあてはまる語句の組合せとして最も適切なものはどれか。

種類	特徴
（ ア ）	被保険者の生死にかかわらず、一定期間、年金が支払われる。年金受取開始後に死亡した場合には、遺族に年金が支払われる。
（ イ ）	被保険者が生存している限り、一生涯年金が支払われる。年金受取開始後に、被保険者が死亡した場合、その後の年金の支払いはない。

1）（ア） 確定年金　　　（イ） 終身年金

2）（ア） 有期年金　　　（イ） 確定年金

3）（ア） 終身年金　　　（イ） 有期年金

《問10》 鳥居健太さんが契約している普通傷害保険のおもな内容は、下記〈資料〉のとおりである。次の1）～3）のケース（該当者は鳥居健太さんである）のうち、保険金の支払対象となるケースとして適切なものはどれか。なお、1）～3）のケースはいずれも保険期間中に発生したものである。また、〈資料〉に記載のない事項については一切考慮しないこととする。

〈資料〉

保険種類	普通傷害保険
保険期間	1 年間
保険契約者	鳥居　健太
被保険者	鳥居　健太
死亡・後遺障害保険金額	1,000万円
入院保険金日額	5,000円
通院保険金日額	2,500円

※特約は付帯されていない。

1）海外旅行中に乗車していた列車が事故に遭い、ケガをして通院した。

2）虫垂炎になり、治療のため、入院した。

3）地震により落ちてきた額縁が頭に当たり、ケガをして通院した。

【第５問】　下記の問11、問12について解答しなさい。

《問11》　会社員の沢村直樹さんは、どのような所得控除の適用を受けることができるのかについて、FPで税理士でもある松本さんに相談をした。下記〈資料〉に基づいて、沢村直樹さんの令和２年分の所得税を計算する際の所得控除に関する松本さんの説明のうち、誤っているものはどれか。

〈資料〉

氏名	続柄	年齢	令和２年分の年収	職　業
沢村　直樹	本人（世帯主）	46歳	給与収入　600万円	会社員
敏江	妻	47歳	給与収入　70万円	パート
暖人	長男	19歳	給与収入　50万円	大学生／アルバイト
蘭	長女	15歳	収入なし	中学生

※令和２年12月31日現在のデータである。
※家族は全員、沢村直樹さんと同居し、生計を一にしている。
※障害者または特別障害者に該当する者はいない。

１）「妻の敏江さんについては、控除対象配偶者として38万円を控除することができます」
２）「長男の暖人さんについては、特定扶養親族として38万円を控除することができます」
３）「長女の蘭さんについては、扶養控除の対象となりません」

《問12》　下記は、加入者が負担する掛金と所得控除の関係について示した表である。下表の空欄（ア）、（イ）、（ウ）に当てはまる語句の組合せとして、正しいものはどれか。

加入者が負担する掛金	所得控除
厚生年金基金	社会保険料控除の対象
確定給付企業年金	（　ア　）の対象
確定拠出年金（個人型）	（　イ　）の対象
国民年金基金	（　ウ　）の対象
小規模企業共済	小規模企業共済等掛金控除の対象

１）（ア）社会保険料控除　（イ）小規模企業共済等掛金控除　（ウ）社会保険料控除
２）（ア）生命保険料控除　（イ）小規模企業共済等掛金控除　（ウ）社会保険料控除
３）（ア）生命保険料控除　（イ）社会保険料控除　　　　　　（ウ）小規模企業共済等掛金控除

209

【第6問】 下記の問13、問14について解答しなさい。

《問13》 令和2年5月10日に相続が開始された豊田光男さん(被相続人)の〈親族関係図〉が下記のとおりである場合、民法上の相続人および法定相続分の組合せとして、正しいものはどれか。なお、記載のない条件については、一切考慮しないこととする。

〈親族関係図〉

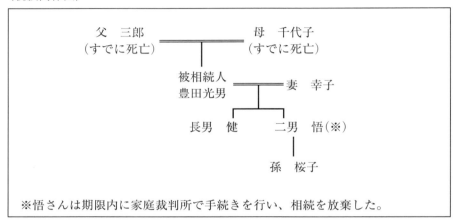

※悟さんは期限内に家庭裁判所で手続きを行い、相続を放棄した。

1) 幸子 1/2　　健 1/4　　悟 1/4
2) 幸子 1/2　　健 1/2
3) 幸子 1/2　　健 1/4　　桜子 1/4

《問14》 佐藤実さん（30歳）は、令和2年7月に父から乗用車購入資金として現金200万円、同年9月に祖母から現金100万円の贈与を受けた。佐藤さんの令和2年分の贈与税額のうち、正しいものはどれか。なお、令和2年中において、佐藤さんはこれ以外には贈与を受けていないものとする。また、佐藤さんは、相続時精算課税制度を選択していないものとする。

〈贈与税の速算表〉　特例贈与財産用

基礎控除後の課税価格		税率	控除額
	200万円以下	10%	－
200万円超	400万円以下	15%	10万円
400万円超	600万円以下	20%	30万円
600万円超	1,000万円以下	30%	90万円
1,000万円超	1,500万円以下	40%	190万円
1,500万円超	3,000万円以下	45%	265万円
3,000万円超	4,500万円以下	50%	415万円
4,500万円超		55%	640万円

1) 9万円
2) 19万円
3) 35万円

【第7問】 下記の問15～問20について解答しなさい。

《設例》

　下川智之さんは、株式会社FJに勤める会社員である。令和元年11月に第
1子が生まれたこともあり、今後の生活設計についてFPで税理士でもある
木下さんに相談をした。なお、下記のデータはいずれも令和2年1月1日現
在のものである。

［家族構成（同居家族）］

氏　名	続柄	生年月日	年齢	職業
下川　智之	本人	昭和61年10月12日	33歳	会社員
小夜子	妻	平成元年6月13日	30歳	会社員※
美優	長女	令和元年11月11日	0歳	

※小夜子さんは、現在育児休業取得中である。

［保有資産（時価）］　　　　　　　（単位：万円）

金融資産	
普通預金	150
定期預金	300
財形住宅貯蓄	300
外貨預金	50
生命保険（解約返戻金相当額）	50

［負債］なし

［マイホーム］
智之さんは、財形住宅貯蓄300万円と、定期預金300万円のうち200万円の合
計500万円を頭金とし、民間金融機関で2,000万円のローンを組んで、2,500万
円のマンションを購入したいと考えている。

［その他］
上記以外については、各設問について特に指定のない限り一切考慮しないこ
ととする。

《問15》 FPの木下さんは、下川家の(マンション購入後の)バランスシートを作成した。下表の空欄(ア)に当てはまる金額として、正しいものはどれか。なお、《設例》に記載のあるデータに基づいて解答することとし、《設例》に記載のないデータについては一切考慮しないこととする。

〈下川家の(マンション購入後の)バランスシート〉

[資産]		[負債]	
金融資産		住宅ローン	×××
普通預金	×××	負債合計	×××
定期預金	×××	[純資産]	（　ア　）
財形住宅貯蓄	×××		
外貨預金	×××		
生命保険(解約返戻金相当額)	×××		
不動産(自宅マンション)	×××		
資産合計	×××	負債・純資産合計	×××

1） 850万円
2） 950万円
3） 1,250万円

《問16》 智之さんは、マンション購入に備え、財形住宅貯蓄を利用している。財形住宅貯蓄に関する次の記述のうち、最も不適切なものはどれか。

1） 勤労者財産形成促進法上の勤労者で、契約締結時に55歳未満の人が利用できる。
2） 一定の要件を満たせば、財形年金貯蓄と財形住宅貯蓄を合算して元利合計550万円まで非課税で貯蓄できる。
3） 積立開始から5年以内に払い出しを行った場合は、住宅取得目的であっても課税される。

《問17》 智之さんは、マンションの購入に際しては、住宅借入金等特別控除(以下「住宅ローン控除」という)の適用を受けたいと考えており、住宅ローン控除についてFPの木下さんに質問をした。所得税における住宅ローン控除に関する木下さんの説明のうち、最も不適切なものはどれか。なお、購入するマンションは、認定長期優良住宅等には該当しないものとする。

1)「住宅ローン控除の適用を受ける住宅は、床面積50㎡以上で、その1/2以上が居住用でなければなりません」
2)「住宅ローン控除の適用を受けるためには、金融機関等から借入金の償還期間が10年以上の住宅ローンを利用する必要があります」
3)「転勤等で居住しなくなった場合は、住宅ローン控除は適用できなくなり、再居住したとしても適用できません」

《問18》 智之さんと小夜子さんは、今後15年間で積立貯蓄をして、長女の美優さんの教育資金として300万円を準備したいと考えている。積立期間中に年利2%で複利運用できるものとした場合、300万円を準備するために必要な毎年の積立金額として正しいものはどれか。なお、下記〈資料〉の3つの係数の中から最も適切な係数を選んで計算し、解答に当たっては百円未満を四捨五入すること。また、税金や記載のない事項については一切考慮しないこととする。

〈資料：係数早見表(年利2.0%)〉

	現価係数	減債基金係数	資本回収係数
15年	0.74301	0.05783	0.07783

※記載されている数値は正しいものとする。

1) 173,500円
2) 198,900円
3) 233,500円

《問19》 智之さんと小夜子さんは、自分たちが将来受け取る老齢年金について理解を深めておきたいと思い、FPの木下さんに質問をした。老齢年金に関する木下さんの説明のうち、最も不適切なものはどれか。

1）「老齢基礎年金を受給するためには、原則として、保険料納付済期間と保険料免除期間、合算対象期間（カラ期間）を合わせた期間が10年以上なければなりません」

2）「65歳から受給できる老齢厚生年金を受け取るためには、老齢基礎年金の受給要件を満たしたうえで、厚生年金の加入期間が1年以上あることが条件になります」

3）「60歳以降も厚生年金の適用事業所に勤めながら老齢厚生年金を受給する場合は、給料と年金の合計額が一定金額を超えると、年金額が減額して支給されることになります」

《問20》 小夜子さんは、智之さんが万一死亡した場合、自分と子どもが生活していけるかどうか不安になり、FPの木下さんに相談をした。木下さんの公的年金の遺族年金に関する次の説明の空欄（ア）〜（ウ）に当てはまる語句または記述の組合せとして、最も適切なものはどれか。なお、生計維持等の記載のない要件は満たされているものとし、子は障害者でないものとする。また、本問においては厚生年金保険を「厚生年金」とする。

> 「公的年金の遺族年金には、遺族基礎年金と遺族厚生年金があります。遺族基礎年金は、国民年金の被保険者が死亡した場合に（　ア　）または子に支給されます。対象とされる子は（　イ　）までの間にある子です。遺族厚生年金の額は、死亡した人の厚生年金の被保険者期間の月数やその間の給与額に応じて計算されます。
>
> 　なお、夫死亡時に（　ウ　）に対する遺族厚生年金は、5年間の有期年金になっています」

1）（ア）子のある妻　　　（イ）18歳到達年度の末日　　（ウ）30歳未満で子のない妻
2）（ア）子のある配偶者　（イ）18歳到達年度の末日　　（ウ）30歳未満で子のない妻
3）（ア）子のある配偶者　（イ）20歳到達年度の末日　　（ウ）35歳未満で子のない妻

■予想問題　解答用紙　学科試験

問題番号	解答番号	
1	①	②
2	①	②
3	①	②
4	①	②
5	①	②
6	①	②
7	①	②
8	①	②
9	①	②
10	①	②
11	①	②
12	①	②
13	①	②
14	①	②
15	①	②

問題番号	解答番号	
16	①	②
17	①	②
18	①	②
19	①	②
20	①	②
21	①	②
22	①	②
23	①	②
24	①	②
25	①	②
26	①	②
27	①	②
28	①	②
29	①	②
30	①	②

問題番号	解答番号		
31	①	②	③
32	①	②	③
33	①	②	③
34	①	②	③
35	①	②	③
36	①	②	③
37	①	②	③
38	①	②	③
39	①	②	③
40	①	②	③
41	①	②	③
42	①	②	③
43	①	②	③
44	①	②	③
45	①	②	③

問題番号	解答番号		
46	①	②	③
47	①	②	③
48	①	②	③
49	①	②	③
50	①	②	③
51	①	②	③
52	①	②	③
53	①	②	③
54	①	②	③
55	①	②	③
56	①	②	③
57	①	②	③
58	①	②	③
59	①	②	③
60	①	②	③

キリトリ線

■予想問題　解答用紙　実技試験

●個人資産相談業務

問題番号		解答番号		
第1問	1	①	②	③
	2	①	②	③
	3	①	②	③
第2問	4	①	②	③
	5	①	②	③
	6	①	②	③
第3問	7	①	②	③
	8	①	②	③
	9	①	②	③
第4問	10	①	②	③
	11	①	②	③
	12	①	②	③
第5問	13	①	②	③
	14	①	②	③
	15	①	②	③

●保険顧客資産相談業務

問題番号		解答番号		
第1問	1	①	②	③
	2	①	②	③
	3	①	②	③
第2問	4	①	②	③
	5	①	②	③
	6	①	②	③
第3問	7	①	②	③
	8	①	②	③
	9	①	②	③
第4問	10	①	②	③
	11	①	②	③
	12	①	②	③
第5問	13	①	②	③
	14	①	②	③
	15	①	②	③

●資産設計提案業務

問題番号	解答番号		
1	①	②	③
2	①	②	③
3	①	②	③
4	①	②	③
5	①	②	③
6	①	②	③
7	①	②	③
8	①	②	③
9	①	②	③
10	①	②	③
11	①	②	③
12	①	②	③
13	①	②	③
14	①	②	③
15	①	②	③

問題番号	解答番号		
16	①	②	③
17	①	②	③
18	①	②	③
19	①	②	③
20	①	②	③

- 執筆・監修　安藤　絵理
  一級ファイナンシャル・プランニング技能士（CFP®）、DCプランナー・金融広報アドバイザー。個人のコンサルティングを行う傍ら、金融機関研修講師、FP養成講座講師、セミナー講師、ＴＶやラジオ出演、雑誌の執筆など幅広く活動を行う。

- 校閲　大林　香世（安藤絵理FP事務所）

- イラスト　あらいぴろよ

- カバーデザイン　金井　久幸＋横山　みさと（TwoThree）

222

FPの学校シリーズのご紹介

合格を強力サポート！

●オールカラーの見やすい誌面！

3級　きほんテキスト

A5判
本体 1,500 円＋税

31日で学習完成！
全ページオールカラーで
すらすら読める基本テキスト

・1日約10ページ。1科目約5日間で完成！
・練習問題つきで、知識をしっかり定着！
・20年9月〜21年5月試験まで対応！

●3級に合格したら、2級に挑戦！

2級・AFP　きほんテキスト
A5判　本体 1,800 円＋税

2級・AFP　これだけ！問題集
A5判　本体 1,800 円＋税

金財・日本FP協会両試験団体の学科・実技（個人・生保・資産）に対応！

法改正・正誤等の情報につきましては
『生涯学習のユーキャン』ホームページ内、
「法改正・追録情報」コーナーでご覧いただけます。

https://www.u-can.co.jp/book

☆本の内容についてお気づきの点は…

書名・発行年月日、お客様のお名前、ご住所、電話番号・FAX番号を
明記の上、下記の宛先まで郵送もしくはFAXでお問い合わせください。

【郵送】〒169-8682 東京都新宿北郵便局郵便私書箱第2005号
「ユーキャン学び出版 FP技能士3級資格書籍編集部」係

【FAX】03-3378-2232

◎お電話でのお問い合わせは受け付けておりません。
◎質問指導は行っておりません。

'20～'21年版 FPの学校 3級 これだけ！問題集

2016年5月31日 初 版 第1刷発行	編 者	ユーキャンFP技能士試験研究会
2017年5月26日 第2版 第1刷発行	発行者	品川泰一
2018年5月24日 第3版 第1刷発行	発行所	株式会社 ユーキャン 学び出版
2019年5月25日 第4版 第1刷発行		〒151-0053
2020年5月22日 第5版 第1刷発行		東京都渋谷区代々木1-11-1
		Tel 03-3378-2226
	DTP	有限会社 中央制作社
	発売元	株式会社 自由国民社
		〒171-0033
		東京都豊島区高田3-10-11
		Tel 03-6233-0781（営業部）
	印刷・製本	カワセ印刷株式会社

※落丁・乱丁その他不良の品がありましたらお取り替えいたします。お買い求めの書店か
自由国民社営業部（Tel 03-6233-0781）へお申し出ください。

©U-CAN, Inc. 2020 Printed in Japan

本書の全部または一部を無断で複写複製（コピー）することは、著作権法上の例外を除き、
禁じられています。

解答・解説

最終確認だニャ！

学科試験　解答・解説

【第1問】

（1）　解答2

不適切。保険募集人資格のないファイナンシャル・プランナーは、保険の募集や勧誘を行ってはならないが、個別具体的な保険相談や保障の見直し、必要保障額の計算は保険業法に抵触しない。

（2）　解答1

適切。国民年金の第1号被保険者とは、日本国内に住所を有する20歳以上60歳未満の者であって、国民年金の第2号被保険者および第3号被保険者のいずれにも該当しない者（自営業者や農林漁業者、学生等）をいう。第2号被保険者は厚生年金に加入している人で年齢要件はない。第3号被保険者は20歳以上60歳未満の第2号被保険者の被扶養配偶者である。

（3）　解答2

不適切。【フラット35】の融資限度額は、8,000万円で建設費・購入価額の100％までとされている。

（4）　解答1

適切。同じ条件で繰上げ返済をした場合には、利息軽減効果は返済額軽減型よりも期間短縮型のほうが高くなる。

（5）　解答2

不適切。教育一般貸付の融資限度額は、子ども・学生1人について350万円である。

（6）　解答2

不適切。生命保険の責任開始期は、「保険契約の申込み」「告知（医師の診査）」「第1回保険料の払込み」の3つが完了したときである。

（7）　解答2

不適切。払済保険は保険料の払込みが困難な場合に、以後の保険料の払込みを中止して、その時点での解約返戻金をもとに、保険期間を変えずに保障額の少ない同じ種類の保険や養老保険に変更する方法である。特約は消滅する。

（8）　解答1

適切。海外旅行傷害保険は、細菌性食中毒や地震、噴火、津波は特約なしで補償されるが、賠償責任、携行品の損害、救援者費用などは特約を付加することによって補償

される。

（9） 解答1

　適切。「失火の責任に関する法律」（失火責任法）では、重大な過失による火災でない限り、賠償責任を問わないことになっている。したがって、軽過失による失火の場合、失火者は隣家に対して損害賠償責任を負わない。

（10） 解答1

　適切。家族傷害保険の被保険者には、被保険者本人（記名被保険者）、事故発生時の配偶者、本人または配偶者と生計を一にする同居の親族および別居の未婚の子が含まれる。

（11） 解答1

　適切。金利上昇局面では、金利上昇にともなって金利が上昇していく変動金利商品が有利になるが、金利下降局面では、預入時の金利が満期まで続く固定金利商品が有利になる。

（12） 解答1

　適切。一般的な固定利付債券では、通常、市中金利が上昇すると、債券価格は下落し、市中金利が下がると債券価格は上昇する。

（13） 解答2

　不適切。バリュー投資とは、企業の現在の業績や利益水準からみて、株価が割安な状態に置かれている銘柄に投資する手法である。問題文は、グロース投資の説明。

（14） 解答1

　適切。東証株価指数（TOPIX）は、1968年1月4日時点を100として現在の時価総額を表している。一般的に、大型株の影響を受けやすくなっている。

（15） 解答1

　適切。外貨建てMMFは購入日の翌日以降、いつでもペナルティーなしで解約できる。

（16） 解答1

　適切。所得税や法人税、相続税、贈与税は国税、道府県民税や市町村民税、固定資産税、不動産取得税は地方税である。

（17） 解答1

　適切。慰謝料・損害賠償金・損害保険金などは非課税所得である。そのほか、被保険者が疾病や傷害によって受け取る給付金や保険金、給与所得者の通勤手当（月額15万

3

円まで）、雇用保険の失業等給付、障害年金や遺族年金、国内の宝くじの当せん金なども非課税所得である（海外の宝くじの当せん金は一時所得）。

(18) 解答2

不適切。一時所得の金額は、その年中の一時所得に係る総収入金額からその収入を得るために支出した金額の合計額を控除し、その残額から最高50万円の特別控除額を控除して算出する。他の所得と合算して総合課税される際には、一時所得の2分の1の金額が、他の所得と合算される。

(19) 解答2

不適切。不動産の貸付けによる所得は、事業的規模（5棟10室基準）にかかわらず、不動産所得になる。下宿などで食事を提供する貸室の賃貸収入や従業員宿舎の家賃収入などは事業所得または雑所得に該当する。

(20) 解答1

適切。不動産所得の損失は損益通算可能だが、不動産所得の損失の金額のうち、土地等を取得するために要した負債の利子相当額は、損益通算の対象とならない。そのほか、損益通算の対象とならない損失には次のようなものがある。
・譲渡所得の損失のうち、土地・建物の譲渡による損失
・譲渡所得の損失のうち、株式等の譲渡による損失
・譲渡所得の損失のうち、生活に通常必要でない資産の譲渡損失

(21) 解答1

適切。年末調整を受けている給与所得者であっても確定申告が必要なのは次のような場合である。
・雑損控除、医療費控除、寄附金控除（一定の手続きをすれば、不要な場合もある）を受ける
・給与収入が2,000万円を超えている人で、主たる給与以外の給与の収入金額と給与所得及び退職所得以外の金額の合計額が20万円を超える人
・2ヵ所以上から給与の支払いを受けている人で、主たる給与以外の給与の収入金額と給与所得及び退職所得以外の金額の合計額が20万円を超える人
・1ヵ所から給与の支払いを受けている人で、給与所得、退職所得以外の所得が20万円を超えている
・住宅借入金等特別控除を受ける（初年度のみ。2年目以降は年末調整可）
・配当控除などの税額控除を受ける

(22) 解答2

不適切。不動産登記記録の権利部甲区には、所有権に関する事項（所有権移転登記、所有権に関する仮登記、差押え、仮処分など）が記載されている。

4

（23）　**解答2**

不適切。売買代金が400万円を超える場合、宅地建物取引業者が売買・交換の媒介での報酬は、売主・買主それぞれから、「売買代金額（消費税は含まない）×3％＋60,000円＋消費税」で計算される金額を限度として受け取ることができる。

（24）　**解答1**

適切。敷地が建ぺい率の異なる地域にまたがる場合、それぞれの地域に比例配分によって加重平均された建ぺい率が限度となる。これを加重平均方式という。

（25）　**解答1**

適切。都市計画税は、道路や公園、下水道などを作る費用に充てるため、市街化区域内の土地や家屋に対して課税される税金である。原則として、毎年1月1日現在、市街化区域内の固定資産税台帳に登録されている固定資産の所有者が納める。都市計画税は固定資産税と一緒に納税通知書が送付され、あわせて納付することになっている。

（26）　**解答2**

不適切。通常、納付すべき贈与税額がなければ申告書の提出は不要だが、贈与税の特例を受ける場合は、その特例によって納付すべき税額がゼロとなる場合でも、申告書を提出しなければならない。

（27）　**解答1**

適切。遺言はいつでも遺言の方式によって、その遺言の全部（または一部）を撤回することができ、遺言書が複数存在する場合は、日付の新しい遺言内容が優先される。日付のないものや日付を特定できないものは無効になる。

（28）　**解答2**

不適切。民法の改正によって、これまで嫡出子の2分の1とされていた非嫡出子の相続分の規定が削除され、平成25年9月5日以降に開始した相続より、非嫡出子の相続分も嫡出子と同等に扱われることになった。また、養子の相続分は実子と同等である。

（29）　**解答2**

不適切。贈与税の配偶者控除の適用を受けて贈与された財産は、相続開始前3年以内に贈与されたものであっても、相続税の課税財産には加算されない。

（30）　**解答2**

不適切。延納が適用される条件の1つに「相続税額が10万円を超えること」があるため、相続税額が10万円以下の場合には延納を選択することはできない。また、物納が適用される条件の1つに「延納によっても金銭納付が困難であること」があるため、延納が可能な場合は物納を選択することはできない。

【第2問】

(31)　解答2

可処分所得は、「収入−（社会保険料＋所得税・住民税）」で計算される。したがって、
7,000,000円−（800,000円＋700,000円）＝5,500,000円
可処分所得は5,500,000円である。

(32)　解答2

必要な原資（元金）は、年金現価係数を使って求められる。年金現価係数は16.351なので、800,000円×16.351＝13,080,800円

(33)　解答3

労働者災害補償保険には次のような特徴がある。
・雇用形態や労働時間の長短を問わず、すべての労働者が対象
・労働者を1人でも使用する適用事業所は強制加入
・事業主や役員等は原則対象外（使用人兼務役員は対象）
・保険料率は事業の危険度などにより異なり、保険料は事業主（会社）が全額負担

(34)　解答2

なお休業しても出産手当金以外の給与が支払われる場合には出産手当金は支給されず、給与が出産手当金未満の額のときは差額が支給される。

(35)　解答1

自営業者などの第1号被保険者の上乗せ年金である国民年金基金の掛金は、確定拠出年金と合わせて月額68,000円までである。国民年金基金の掛金は、社会保険料控除の対象となり、確定拠出年金の掛金は、小規模企業共済等掛金控除の対象となるので注意。

(36)　解答2

保険契約のクーリングオフは、法律上、加入が義務づけられている自賠責保険などは適用外となる。
そのほか、適用外となる保険契約は、次のようなものである。
・契約にあたって医師による診査を受けた場合
・電話等（口頭）で伝えた場合（文書は可）
・保険期間が1年以内の契約の場合
・法人が契約者である場合

(37)　解答2

保険会社の財務体質の健全性を示す指標の1つであるソルベンシー・マージン比率は、その値が大きいほどリスクに対して支払余力があるとされる。200％を下回った場合には、監督官庁（金融庁）による早期是正措置の対象となる。

(38)　**解答 1**

傷害保険の後遺障害保険金は、一般に、保障の対象となる事故によるケガが原因で、事故の発生日からその日を含めて180日以内に所定の後遺障害が生じた場合に支払われる。

(39)　**解答 3**

個人賠償責任保険は、個人が住居の管理や日常生活で偶然な事故によって、第三者の身体・生命・財産に損害を与えた場合、法律上の賠償責任を負担することになった損害を補償する保険である。ただし、業務上、自動車事故、同居親族、貸借物、闘争行為などに関する賠償は対象外である。

(40)　**解答 3**

ガン保険では、一般に、契約から90日間または3ヵ月とされている免責期間中にガンと診断された場合には、診断給付金や入院給付金などの保障を受けることはできない。

(41)　**解答 3**

元金100万円を年率1.5％（1年複利）で3年間運用した場合の元利合計額は、100万円 $\times (1 + 0.015)^3 = 1,045,678$円

(42)　**解答 3**

個人向け国債はいずれのタイプも、発行から1年経過後であればいつでも中途換金できる。ただし、中途換金調整額として直前2回分の利子相当額（税引前）×0.79685が差し引かれる。

(43)　**解答 1**

残存期間4年、表面利率1.0％の債券を101円で購入した場合の最終利回りは

$$最終利回り（％）= \frac{1.0 + \dfrac{100 - 101}{4}}{101} \times 100 = 0.7425 \cdots ％$$

(44)　**解答 2**

1）PER（株価収益率）は、利益水準から株価の割安・割高を判断するのに用いられ、株価が1株当たり純利益の何倍まで買われているかをみる投資指標である。株価を1株当たり純利益で割って求められる。一般的にPERが低いほど株価は利益水準に比べて割安だと判断される。

2）PBR（株価純資産倍率）は、企業の資産価値から株価の割安・割高を判断するのに用いられ、株価を1株当たり純資産で割って求められる。株価が1株当たり純資産の何倍まで買われているかをみる投資指標である。

3）ROE（自己資本利益率）は、自己資本に対してどれくらい純利益がでているかをみる指標で、税引き後純利益を自己資本で割り、％に直して求める。

（45）　**解答 1**

満期時の適用為替レートが預入時と比較して、円高・米ドル安になった場合、円ベースの利回りは低くなる。

（46）　**解答 3**

損益通算を行っても引ききれない損失については、翌年以降 3 年間に渡り、損失を繰り越すことができる。

（47）　**解答 2**

所得税において、平成24年 1 月 1 日以後に締結した生命保険契約の保険料に係る一般の生命保険料、個人年金保険料、介護医療保険料の控除額の上限は各々最高 4 万円であり、合計最高12万円である。

（48）　**解答 3**

令和元年10月 1 日〜令和 2 年12月31日の間に、所得税の住宅借入金等特別控除の適用を一般の住宅に対して受ける場合、控除の対象となる限度額は4,000万円であり、控除率は10年目までは1.0％である。また、控除を受ける年の合計所得金額が3,000万円を超える場合は適用を受けられない。

（49）　**解答 3**

所得税において、不動産所得または事業所得を生ずべき事業を営む青色申告者が正規の簿記の原則に従って記帳するなど一定の要件を満たせば、不動産所得または事業所得から青色申告特別控除として最高55万円を控除することができる。さらにe-taxによる申告（電子申告）又は電子帳簿保存を行うと65万円控除することができる。その他の場合の控除額は原則10万円である。

（50）　**解答 2**

不動産の価格を求める鑑定評価の手法には次のようなものがある。

取引事例比較法	近隣および類似の取引事例をもとに、時点修正や事情補正などを行い地域要因や個別的要因も比較して、その不動産の価格を求める方法
原価法	不動産の再調達原価を求めて、古くなった分などを減額する減価修正を行い、その不動産の価格を求める方法
収益還元法	その不動産が家賃など将来生み出すであろうと期待される純収益の現在価値の総和から、その不動産の価格を求める方法。直接還元法とDCF（ディスカウンテッド・キャッシュフロー）法がある

(51) **解答3**

「住宅用地に対する固定資産税の課税標準の特例」は次のようなものである。

住宅用地の区分	範囲	軽減特例
小規模住宅用地	住宅1戸当たり200㎡以下の部分	固定資産税評価額の1/6
一般住宅用地	住宅1戸当たり200㎡超	固定資産税評価額の1/3

(52) **解答1**

個人が所有していた土地を譲渡した場合の課税譲渡所得の金額の計算の際、収入金額から差し引く取得費が不明な場合などは、譲渡収入金額の5％に相当する額を概算取得費とすることができる。

(53) **解答1**

相続財産を相続開始の翌日から相続税の申告書の提出期限の翌日以後3年を経過する日（相続開始後3年10ヵ月）までに売却した場合には、一定の要件のもとでその売却した相続財産に課された相続税額を取得費に加算することができる。

(54) **解答2**

純利回り（NOI利回り）は、純収益÷投資額×100で求め、純収益は、年間賃料収入－実質費用で求める。

したがって、純収益　＝1,200万円－300万円＝900万円、

純利回り＝900万円÷1億2,000万円×100＝<u>7.5％</u>

(55) **解答3**

配偶者と兄弟姉妹が相続人となった場合の法定相続分は、配偶者が4分の3、兄弟姉妹分が4分の1であり、兄弟姉妹が複数いる場合は、4分の1を均等に相続する。したがって、弟Bさんの相続分は8分の1である。

(56) **解答2**

なお、相続税の課税価格に加算するのは、贈与を受けた時点の評価額である。

(57) **解答2**

相続税の計算において、被相続人の兄弟姉妹が財産を相続する場合、算出税額に2割相当の税額が加算される。

2割加算の対象者は、被相続人の配偶者、子、父母、代襲相続人となった孫以外の人（例：友人、兄弟姉妹、養子となった孫など）である。なお、養子となっている孫が直系卑属の代襲相続人である場合（二重身分）は2割加算の対象とならない。

(58) **解答 2**

なお、提出先は、被相続人の相続開始時点の住所地の管轄税務署長である。

(59) **解答 3**

相続税評価において、貸家建付地の評価額は、「自用地評価額×（1－借地権割合×借家権割合×賃貸割合）」の算式により算出する。「自用地評価額×借地権割合」は借地権（借地権者が自分の建物を所有している借地権）、「自用地評価額×（1－借地権割合）」は貸宅地（底地）の評価方法である。

(60) **解答 3**

契約者（＝保険料負担者）、被保険者、死亡保険金受取人がすべて異なる生命保険契約では、死亡保険金は贈与税の課税対象となる。

保険契約者	被保険者	死亡保険金受取人	税金
A	A	Aの相続人	相続税（保険金の非課税枠あり）
A	A	Aの相続人以外	相続税（保険金の非課税枠なし）
A	B	A	所得税・住民税（一時所得）
A	B	C	贈与税

実技試験（個人資産相談業務）　解答・解説

《問1》　解答1

ⅰ）Aさんの定年退職後は、妻Bさんは、国民年金の「第2号被保険者の配偶者」ではなくなるので、第3号被保険者から第1号被保険者への種別変更の手続きを行い、以後、原則として、国民年金の保険料を納めることになる。

ⅱ）Aさんは、原則として64歳から報酬比例部分のみの特別老齢厚生年金を受給することができる。女性は男性の5年遅れで支給開始年齢が上がっていくので、妻Bさんは62歳から報酬比例部分の特別老齢厚生年金を受給することができる。特別支給の老齢厚生年金は、老齢基礎年金の受給資格期間を満たしていて、厚生年金の加入期間が1年以上あれば受け取ることができる。

《問2》　解答2

健康保険の任意継続被保険者となる場合の要件などは次のようなものである。
・健康保険の被保険者期間が資格喪失日の前日までに継続して2ヵ月以上あること
・退職日の翌日（資格喪失日）から20日以内に手続きすること
・任意継続被保険者として健康保険に加入できる期間は最長2年
・任意継続被保険者の保険料は全額自己負担

《問3》　解答3

1）不適切。被保険者期間が20年以上で、定年退職した場合に受け取れる基本手当の所定給付日数は150日である。

2）不適切。60歳を過ぎても同じ会社で働き続ける場合は、高年齢雇用継続給付金として、60歳に達した月から65歳に達する月まで、60歳時に比べて75％未満の賃金しか得られない場合に各月の賃金額の最大15％が支給される。

3）適切。基本手当の支給残日数を100日以上残して再就職し、60歳時に比べて75％未満の賃金しか得られない場合には、高年齢再就職給付金として各月の賃金額の最大15％が支給される。基本手当の支給残日数が100日以上200日未満の場合の高年齢再就職給付金の支給期間は1年間で、65歳に達する月を限度とする。

《問4》　解答3

上場株式の譲渡益は、譲渡所得として原則20％（所得税15％＋住民税5％。復興特別所得税除く）の申告分離課税となっている。したがって、X社株式の譲渡益は、1,200円×500株－1,000円×500株＝100,000円なので、所得税と住民税を合わせた額は、100,000円×20％＝20,000円。

《問5》　解答3

1）適切。投資信託の基準価額は、投資信託を購入したり換金したりする際の時価に

11

当たるもので、純資産総額を総口数で割って求められる。

2）適切。信託報酬は、信託財産を運用・管理するための費用として運用期間中ずっと徴収される費用である。投資信託委託会社・販売会社・信託銀行が受け取る。

3）不適切。信託財産留保額は、中途解約時に負担する費用で、一部の投資信託に設定されている費用である（かからない投資信託もある）。

《問6》 解答2

1）適切。NISA口座には、毎年、上場株式や株式投資信託の投資元本120万円を受け入れることができ、NISA口座で保有する上場株式等の配当所得や譲渡所得が非課税となる。

2）不適切。NISA口座の開設期間は、平成26年から令和5年までの10年間だが、非課税の適用が受けられるのは開設した年の1月1日から5年間である。

3）適切。一般NISA口座とつみたてNISA口座は併用することはできず選択制となる。

《問7》 解答2

1）不適切。妻Bさんは、青色事業専従者であるため、Aさんは、配偶者控除（控除額38万円）の適用を受けることはできない。

2）適切。長女Cさんは特定扶養親族（19歳〜22歳）に該当するため、Aさんは、扶養控除（控除額63万円）の適用を受けることができる。

3）不適切。16歳未満の者は扶養控除の対象外のため、14歳の長男Dさんは扶養控除の対象とならず、Aさんは、扶養控除（控除額38万円）の適用を受けることができない。

《問8》 解答2

事業所得：650万円に加え、一時払い終身保険の解約返戻金800万円があるので、一時所得：（800万円－700万円）－50万円（特別控除額）＝50万円
したがって、総所得金額は、650万円＋50万円×1/2＝675万円

《問9》 解答3

青色申告の特典や要件には次のようなものがある。
＜青色申告の税務上の特典＞
・青色事業専従者給与の必要経費への算入
・青色申告特別控除（最高55万円。e-taxによる申告（電子申告）又は電子帳簿保存を行うと65万円）
・純損失の繰越控除、繰戻還付
＜青色申告の要件＞
・原則として、青色申告の申請を受けようとする年の3月15日までに、納税地の所轄税務署長に青色申告承認申請書を提出する（その年の1月16日以後に新規に業務を開始した場合は、業務を開始した日から2ヵ月以内に提出）
・青色申告者は、一定の帳簿に日々の取引を記帳し、その帳簿を7年間保存しなけれ

ばならない。

《問10》　解答2

1) 適切。不動産取得税は、不動産を購入したり贈与されたりして取得したときに課税されるが、相続により取得した場合には課税されない。
2) 不適切。相続によって取得した土地の所有権移転登記には0.4％の税率の登録免許税が課される。
3) 適切。固定資産税の課税標準の基礎となる価格(固定資産税評価額)の評価替えは、原則として、3年ごとの基準年度に行われる。この価格は原則として3年間据え置かれる。

《問11》　解答1

純利回り(NOI利回り)は、「年間賃料収入－実質費用」を投資額で割って求めるので、
(900万円－300万円)÷6,000万円×100＝10％

《問12》　解答2

前面道路が12m未満の敷地については、次の①②のうち、小さいほうが容積率となる。
①都市計画で定められた指定容積率
②前面道路の幅員による容積率の制限
　住居系用途地域…前面道路の幅員×4/10
　その他の用途地域…前面道路の幅員×6/10
したがって、甲土地の前面道路は幅員6mなので、
6×4/10×100＝240％＞200％　∴200％
15m×20m×200％＝600㎡　　　最大延べ面積は600㎡となる。

《問13》　解答2

平成27年1月1日以後の相続より、基礎控除額は、「3,000万円＋600万円×法定相続人の数」で計算される。長女Dさんは故人なので、孫Fさんが代襲相続人となり、法定相続人は、妻Bさん、長男Cさん、孫Fさんの3人である。したがって、基礎控除額は、3,000万円＋600万円×3人＝4,800万円　となる。

《問14》　解答3

1) 不適切。自筆証書遺言を残していた場合、遺言書の保管者またはこれを発見した相続人は、相続の開始を知った後、遅滞なく、その遺言書を家庭裁判所に提出してその検認を請求しなければならない。ただし、令和2年7月10日より法務局における保管制度が創設され、法務局で保管された自筆証書遺言は家庭裁判所の検認は不要となる。
2) 不適切。「配偶者に対する相続税の軽減」の適用に対する婚姻期間の条件はない。「婚姻期間20年以上」の条件があるのは、「贈与税の配偶者控除」である。

3）適切。相続開始前3年以内に被相続人から贈与を受けた財産は、贈与時の時価で相続税の課税財産に加算する。長男Cさんが A さんから贈与を受けた令和元年7月は、相続開始（令和2年4月）前3年以内なので、A さんからの贈与によって取得した財産の価額は、相続税の課税価額に加算する。

《問15》 解答1

妻 B さんが自宅の敷地を家屋とともにすべて相続した場合は、「特定居住用宅地等」となるので、330㎡までを限度に評価額を80%減額できる。A さんの自宅敷地は300㎡なので、すべて減額対象となる。

したがって、5,000万円×（1−0.8）＝1,000万円

実技試験（保険顧客資産相談業務）　解答・解説

《問1》　解答2
- 公的介護保険の被保険者は、第1号被保険者と第2号被保険者がある。
- 第1号被保険者は、市町村または特別区（以下、市町村という）の区域内に住所を有する65歳以上の者である。
- 第2号被保険者は、市町村の区域内に住所を有する40歳以上65歳未満の医療保険加入者である。第2号被保険者は、加齢に伴う16種類の特定疾病によって要介護状態または要支援状態にある旨の認定を受けた場合のみ介護保険の給付を受けられる。
- サービス利用時の自己負担割合は、原則1割（食費、居住費を除く）で、支給限度額基準額を超えた分は全額自己負担となる。ただし、合計所得金額が160万円以上の人は2割、合計所得金額が220万円以上の人は3割となる。

《問2》　解答3
1）適切。老齢基礎年金の繰下げ支給の申出をすると、同時に付加年金も繰下げ支給開始を繰り下げられ、付加年金の年金額も増額される。
2）適切。老齢基礎年金の繰下げ支給の申出をした場合、老齢基礎年金は一生涯に渡って「繰下げ月数×0.7％」で増額した年金額が支給される。
3）不適切。繰下げ受給は繰り下げる月数の1ヵ月につき0.7％ずつ増額される。

《問3》　解答1
1）不適切。付加年金と同時に国民年金基金に加入することはできない。
2）適切。付加年金と同時に確定拠出年金の個人型年金に加入することはできる。確定拠出年金は、掛金は一定でも運用実績によって受け取る年金額が変わる。
3）適切。付加年金にも加入している場合で、確定拠出年金の掛金は、国民年金の付加保険料と合算して月額68,000円が限度となる。

《問4》　解答3
- 特定疾病保障定期保険特約を付加していると、ガン、急性心筋梗塞、脳卒中により所定の状態となった場合に特定疾病保険金を受け取ることができる。特定疾病保険金を受け取ることなく死亡した場合には、原因を問わず、死亡保険金が支払われる。
- 先進医療特約の支払対象となる先進医療の種類は、療養を受けた時点で公的医療保険制度の給付対象となっていない先進的な医療技術のうち、厚生労働大臣が定める施設基準に適合する病院または診療所において行われる、厚生労働大臣が定める医療技術に限られている。
- Aさんが不慮の事故で亡くなった場合の死亡保険金は以下のように計算される。
終身保険（100万円）＋定期保険特約（2,100万円）＋特定疾病保障定期保険特約（300万円）＋傷害特約（500万円）＋災害割増特約（500万円）＝3,500万円

《問5》 解答1

1）不適切。個人年金保険は、被保険者があらかじめ決めた年齢になった時点から毎年年金が支払われる保険で、年金受取前に被保険者が死亡した場合には、払込保険料相当額の死亡給付金が支払われる。

2）適切。定額個人年金保険は、払い込んだ保険料が一般勘定で運用され、原則、将来受け取る年金額が保証される。

3）適切。変額個人年金保険は、払い込んだ保険料が特別勘定で運用され、その運用実績によって将来受け取ることができる年金額が変動する。

《問6》 解答3

1）適切。特約を同一の保障内容で更新した場合、更新後の保険料は更新前よりも高くなる。

2）適切。学資（こども）保険は、親などを契約者、子を被保険者として加入する保険である。万一、契約者である親などが保険期間中に死亡・高度障害となった場合には、その後の保険料支払いは免除されるが、学資祝い金や満期祝い金は契約どおりに受け取ることができる。

3）不適切。終身医療保険の入院給付金の給付日数は、1入院当たりの上限日数と、通算での支払上限日数の制限がある。

《問7》 解答2

いわゆるハーフタックスプランの場合、支払った保険料については、1/2を資産計上、1/2を損金算入できる。また、法人が保険金や解約返戻金を受け取ったときの経理処理は、「受取保険金－資産計上額＝保険差益」で計算される。保険差益がプラスなら「雑収入」、マイナスなら「雑損失」となる。

これまでの資産計上額は、払込保険料総額1,800万円の1/2である900万円なので

保険差益（雑収入）＝2,000万円（満期保険金）－900万円（資産計上額）＝1,100万円

したがって、資産計上していた900万円を保険料積立金として取り崩し、満期保険金との差額1,100万円は雑収入として益金計上する。

また、保険金は通常、銀行振込（預金）で支払われるので、借方には、現金・預金として満期保険金2,000万円を記帳する。

借　　方		貸　　方	
現金・預金	2,000万円	保険料積立金 雑収入	900万円 1,100万円

《問8》 解答3

退職所得の金額は、〔収入－｛退職所得控除額：800万円＋70万円×（勤続年数－20年）｝〕×1/2で求められる。また、勤続年数の端数は切り上げるので、「28年9ヵ月」は、29年として計算する。

16

したがって、〔6,000万円 −｛800万円+70万円×(29年−20年)｝〕×1/2＝2,285万円

《問9》 解答3

1）解約返戻金がある保険の場合、保険期間中に資金が必要になった場合、契約者貸付制度を利用して解約返戻金の一定範囲内で借入をすることができる。借入金と利息は、いつでも全部または一部を返済することができる。

2）生存退職金として活用する場合は、生命保険を解約せずに、契約者は役員、死亡保険金受取人を役員の相続人に名義変更して、生命保険契約そのものを支給することもできる。

3）保険期間の途中で終身保険を解約した場合、資産計上していた保険料積立金よりも、解約返戻金の方が多かった場合（保険差益が生じた場合）は、差額を雑収入として経理処理する。逆に解約返戻金の方が少なかった場合（保険差損が生じた場合）は、差額を雑損失として経理処理する。

《問10》 解答1

1）不適切。Aさんが、令和3年以降の適用を受けるためには、必ずしも確定申告する必要はなく、年末調整で控除可能である。令和2年分の適用を受けるためには、必ず所得税の確定申告を行わなければならない。

2）適切。令和元年10月1日から令和2年12月31日までに居住した場合の住宅借入金の年末残高等に乗じる控除率は10年目までは一律1.0％である。11年目から13年目については

①年末残高等×1％

②(住宅取得等対価の額−消費税額)×2％÷3

のうちいずれか少ない額となる。

3）適切。転勤等で居住しなくなった期間は、本控除は適用不可となる。ただし、再居住した年以後は再適用することができる。

《問11》 解答3

1）不適切。妻Bさんは給与収入80万円のみを得ているので、妻Bさんの給与所得の金額：80万円−55万円＝25万円＜48万円

したがって、妻Bさんは控除対象配偶者に該当し、配偶者控除の対象となる。配偶者控除と配偶者特別控除は同時に適用されないので、Aさんの合計所得金額が1,000万円以下であっても、Aさんは配偶者特別控除の適用は受けられない。

2）不適切。長女Cさんは16歳未満なので、扶養控除の対象外となる。

3）適切。地震保険の保険料は全額（最高5万円）が地震保険料控除の対象となる。Aさんの払った地震保険料は30,000円なので、全額が地震保険料控除の対象となる。

《問12》 解答2

Aさんの給与収入は900万円なので、

給与所得控除額：195万円

したがって、給与所得：900万円−195万円＝705万円

株式等に係る譲渡損失は、損益通算の対象とならないので、給与所得の金額が総所得金額となる。

《問13》 解答3

・自筆証書遺言は、遺言者がその遺言の本文、日付および氏名を自書し、押印して作成する。相続開始後には、家庭裁判所による検認が必要である。ただし、令和2年7月10日より法務局における保管制度が創設され、法務局で保管された自筆証書遺言は家庭裁判所の検認は不要となる。

・公正証書遺言は、公証役場で証人2人以上の立会のもと、遺言者が遺言の趣旨を公証人に口授し、公証人がこれを筆記して作成する。公正証書遺言の作成には、遺言の目的となる財産の価額に応じた手数料がかかる。相続開始後の家庭裁判所による検認は不要である。

・遺言書が複数存在する場合は、日付の新しい遺言内容が優先される。前の遺言を撤回したり、抵触する遺言を行ったりすることで、既存の遺言は撤回したものとみなされる。日付のないものや日付の特定できないものは無効である。

《問14》 解答2

生命保険金に係る非課税限度額は、500万円×法定相続人の数で求められるので、
500万円×3人＝1,500万円

妻Bさん、長男Cさん、二男Dさんが受け取る死亡保険金の総額は5,000万円であり、長男Cさんの受け取る死亡保険金は1,500万円なので、長男Cさんの相続税の課税価格に算入される金額は、

1,500万円−1,500万円×1,500万円÷5,000万円＝1,050万円

《問15》 解答2

相続税の総額は、課税遺産総額を法定相続人が法定相続分どおりに分割したと仮定して、各人の取得金額を計算し、税率を掛け、各人の相続税額を算出し、各人の相続税額を合計して求める。

したがって、基礎控除後の課税遺産総額が1億円なので、法定相続分どおりに分割し、各人の相続税額を計算すると、

妻Bさん：5,000万円×20％−200万円＝800万円

長男Cさん：2,500万円×15％−50万円＝325万円

二男Dさん：2,500万円×15％−50万円＝325万円

各人の相続税額を合計すると、800万円＋325万円＋325万円＝1,450万円

実技試験（資産設計提案業務） 解答・解説

《問1》 解答1

1）不適切。税理士資格を有していないFPが、有償・無償を問わず、税務書類の作成を行うことは、税理士法に抵触する。

2）適切。生命保険募集人の登録をしていないFPは、保険の募集や勧誘、販売を行うことはできないが、顧客から相談を受け、生命保険証券の見方について説明することは保険業法に抵触しない。

3）適切。弁護士資格を有していないFPは、一般の法律事務を行うことはできないが、法律事務に関する業務依頼に備えるために、弁護士と提携する顧問契約を締結することは弁護士法に抵触しない。

《問2》 解答3

（ア）基本生活費の変動率は2％なので、$350 \times (1+0.02)^2 = 364.14$ ∴364

（イ）年間収支は、「収入合計−支出合計」で求める。

支出合計：350（基本生活費）+134（住宅関連費）+65（教育費）+48（保険料）+200（一時的支出）+50（その他支出）=847 なので

年間収支は、$720 - 847 = ▲127$ ∴▲127

《問3》 解答3

（ウ）不適切。「企業間で取引される商品の価格変動に焦点を当てた指数であり、日本銀行が公表している。国際商品市況や外国為替相場の影響を受けやすい傾向がある」のは、企業物価指数である。

《問4》 解答1

1）正しい。配当利回りは、投資金額に対する配当金の割合を示す指標で、「1株当たり年間配当金÷株価×100（％）」で求められるので、「35円÷2,000円×100=1.75（％）」である。

2）誤り。株価収益率（PER）は、利益水準から株価の割安・割高を判断するもので、「株価÷1株当たり純利益」で求められるので、「2,000円÷150円=13.3（倍）」である。

3）誤り。株価純資産倍率（PBR）は、企業の資産価値から株価の割安・割高を判断するもので、「株価÷1株当たり純資産」で求められるので、「2,000円÷1,600円=1.25（倍）」である。

《問5》 解答2

・預金保険制度では、決済用預金は全額保護されるので、坂田さんの決済用預金1,200万円は全額保護される。

・決済用預金以外の預金は、元本1,000万円までが保護されるので、普通預金と定期

預金は合わせて1,000万円が保護される。

・外貨預金は、預金保険制度の対象外であるため、保護されない。
よって、預金保険制度で保護される合計額は2,200万円である。

《問6》 解答3

1）不適切。YZ株式会社のPER＝250円÷20円＝12.5倍で、これは日経平均採用銘柄の平均（予想ベース）14.21倍より割安である。

2）不適切。YZ株式会社のPBR＝250円÷240円＝1.041…倍で、これは東京証券取引所市場第1部（東証1部）全銘柄の平均1.23倍より割安である。

3）適切。YZ株式会社の配当利回り（％）＝5円÷250円×100＝2％で、これは東京証券取引所市場第1部（東証1部）全銘柄の単純平均（予想ベース）1.92％よりも高い。

《問7》 解答2

・建築物の延べ面積（床面積の合計）は、敷地面積に容積率を掛けて求められる。

・容積率は前面道路の幅によって制限を受けるが、前面道路の幅が12m未満の場合は、都市計画で定められた指定容積率か、前面道路の幅員による容積率の制限（住居系用途地域の場合は、前面道路の幅員×4/10）のどちらか小さいほうが容積率となる。

・したがって、前面道路の幅員による容積率の制限：6 m×4/10＝240％＞200％（指定容積率）なので、容積率は200％となる。

・ゆえに、延べ面積の最大値は、12m×20m×200％＝480㎡

《問8》 解答3

鈴木さんは、特定疾病特約給付金を生前に受け取っていないので、死亡時には特定疾病特約からも死亡保険金が支払われる。したがって交通事故で死亡した場合に受け取れる死亡保険金は、終身保険金額（300万円）、定期保険特約（1,700万円）、特定疾病保障定期保険特約（500万円）、傷害特約（500万円）の合計の3,000万円である。

《問9》 解答1

〈個人年金保険の年金種類とその特徴〉

種類	特徴
確定年金	被保険者の生死にかかわらず、一定期間、年金が支払われる。年金受取開始後に死亡した場合には、遺族に年金が支払われる。
終身年金	被保険者が生存している限り、一生涯年金が支払われる。年金受取開始後に、被保険者が死亡した場合、その後の年金の支払いはない。
有期年金	被保険者が生存している限り、一定期間、年金が支払われる。年金受取開始後に、被保険者が死亡した場合、その後の年金の支払いはない。

《問10》 解答1

1）適切。国内外を問わず、事故によるケガは補償される。

2）不適切。虫垂炎など、疾病の治療のための入院は補償されない。

3）不適切。地震・噴火・津波、O157などの細菌性食中毒は、特約がない限り補償されない。

《問11》 解答2

1）適切。妻の敏江さんの給与所得は48万円以下（70万円−給与所得控除額55万円＝15万円）なので、控除対象配偶者として48万円を控除することができる。

2）不適切。長男の暖人さんは19歳なので、特定扶養親族として63万円を控除することができる。

3）適切。長女の蘭さんは15歳なので、扶養控除の対象とならない。

《問12》 解答2

企業年金等の掛金に対する所得控除は、下記のようになる。

企業年金等の種類	所得控除の種類
厚生年金基金、国民年金基金	社会保険料控除
確定拠出企業年金、小規模企業共済	小規模企業共済等掛金控除
確定給付企業年金	生命保険料控除

《問13》 解答2

悟さんは、相続を放棄しているので、はじめから相続人でないものとされ、相続放棄の場合は代襲相続ともならない。

したがって、幸子さんと健さんで1/2ずつ相続することになる。

《問14》 解答2

贈与を受けた年分の合計額が贈与税の課税対象となるため、贈与税額は、

$\{(200万円+100万円)-110万円\} \times 10\% = 19万円$　となる。

《問15》 解答1

下川家のマンション購入後のバランスシートは以下のようになる。資産合計＝負債・純資産合計であり、（ア）は、純資産＝負債・純資産合計−負債合計で求められる。

［資産］		［負債］	
金融資産		住宅ローン	2,000
普通預金	150	負債合計	2,000
定期預金	100	［純資産］	850
財形住宅貯蓄	0		
外貨預金	50		
生命保険（解約返戻金相当額）	50		
不動産（自宅マンション）	2,500		
資産合計	2,850	負債・純資産合計	2,850

《問16》 解答3

1) 適切。勤労者財産形成促進法上の勤労者で、他に財形住宅貯蓄の契約をしていない、契約締結時に55歳未満の人が利用できる。

2) 適切。保険会社の財形貯蓄商品の場合は、払込保険料550万円までが非課税となる。

3) 不適切。5年以上の積立が原則だが、住宅取得目的であれば、積立開始から5年以内の払い出しの場合でも非課税となる。

《問17》 解答3

1) 適切。なお、中古住宅の場合は、築年数が20年以内（耐火建築物は25年以内）でなければならない。

2) 適切。なお、親族や知人からの借入金には適用されない。また、勤務先からの0.2%未満の金利によるローンにも適用されない。

3) 不適切。平成15年4月以降、転勤等で居住しなくなった場合は、住宅ローン控除は適用できなくなるが、再居住した年以後の再適用は可能である。

《問18》 解答1

目標金額を貯めるのに必要な積立額を求めるためには、減債基金係数を用いる。したがって、3,000,000×0.05783＝173,490　　∴173,500円

《問19》 解答2

1) 適切。合算対象期間とは、老齢基礎年金の年金額の計算には算入されないが、受給資格期間の計算には算入される期間である。

2) 不適切。65歳から受給できる老齢厚生年金を受け取るためには、老齢基礎年金の受給要件を満たしたうえで、厚生年金の加入期間が1ヵ月以上あることが条件になる。

3) 適切。60歳以降も厚生年金の適用事業所に勤めながら受給する老齢厚生年金を在職老齢年金という。在職老齢年金は、給料と年金の合計額が一定金額を超えると、年金額が減額調整されて支給されることになる。

《問20》 解答2

・遺族基礎年金は、以前は「子のある妻または子」に支給されていたが、平成26年4月より「死亡した人に生計を維持されていた子のある配偶者または子」に改正され、夫にも支給されることになった。「子のない配偶者」は対象外である。

・公的年金上の「子」とは、「18歳到達年度の末日（3月31日）までの間にある子を指す。障害等級1級・2級に該当する場合は、20歳未満の子を指す。

・遺族厚生年金は、子のない妻にも支給されるが、夫死亡時に30歳未満で子のない妻の場合は、5年間の有期年金となる。